互补性资源共享下
旅行社共创O2O模式的
合作策略研究

重庆理工大学学术著作出版资助
重庆博士后研究特别资助项目
（项目编号：2022CQBSHTB2033）

时萍萍　著

经济管理出版社
ECONOMY & MANAGEMENT PUBLISHING HOUSE

图书在版编目（CIP）数据

互补性资源共享下旅行社共创 O2O 模式的合作策略研究/时萍萍著 . —北京：经济管理出版社，2023. 9

ISBN 978-7-5096-9233-2

Ⅰ.①互… Ⅱ.①时… Ⅲ.①旅行社—企业管理—经济合作—研究 Ⅳ.①F590.63

中国国家版本馆 CIP 数据核字（2023）第 178470 号

组稿编辑：陈艺莹
责任编辑：任爱清
责任印制：黄章平
责任校对：蔡晓臻

出版发行：经济管理出版社
     （北京市海淀区北蜂窝 8 号中雅大厦 A 座 11 层 100038）
网   址：www. E-mp. com. cn
电   话：（010）51915602
印   刷：北京金康利印刷有限公司
经   销：新华书店
开   本：720mm×1000mm/16
印   张：11. 5
字   数：174 千字
版   次：2023 年 9 月第 1 版 2023 年 9 月第 1 次印刷
书   号：ISBN 978-7-5096-9233-2
定   价：78. 00 元

前　言

传统旅行社（Travel Agency，TA）与在线旅行社（Online Travel Agency，OTA）投入互补性资源共创O2O模式，既解决了OTA与TA的战略发展"瓶颈"问题，又能发挥双方资源互补优势，增加整体竞争优势。在双方合作中，降低合作双方的机会主义风险和协调成本，通过何种合作方式既发挥互补性资源优势又实现O2O模式线上销售与线下服务的融合，以及既定合作下的契约设计等问题成为成功实现共创O2O的关键。因此，有必要开展互补性资源共享下旅行社共创O2O模式的合作策略研究。本书以TA与OTA共创O2O模式为研究对象，结合资源基础理论、交易成本理论、委托代理理论，开展了共创O2O模式的互补性资源共享决策研究，并根据合作方式的不同，分别研究了双向委托下TA与OTA建立线上销售与线下服务合作的策略、单向委托下服务合作的契约策略和销售合作的契约协调，主要内容有以下四个：

（1）针对TA与OTA互补性资源共享带来机会主义风险和协调成本，致使共创O2O模式收益低下或失败的问题，运用Stackelberg博弈分析了双方权衡资源效率损失与收益共存下互补性资源的最优共享策略。分析发现，当合作主导者收益达到一定阈值时，双方才能达成合作；在达成合作后，双方在共享互补性资源并投入合作努力时，可根据自身收益与损失以及对方的行为状态，调整资源共享与合作努力投入比例，控制资源效率损失以促使共创O2O模式成功；双方互补性资源共享和合作努力投入比例与其在共创O2O模式中的成本收益比相一致。

（2）针对如何充分发挥双方资源优势互补实现共创O2O模式的问题，设计了在双向委托下，同时建立线上销售与线下服务的合作形式，建立了双方合作的Stackelberg和Bertrand模型。研究发现，双方会采取相同的价格策略，但价格变化幅度不同；OTA为了保持低价策略，应选择与服务成本较低的TA合作；当单位销售佣金大于其阈值时，Bertrand竞争下双方旅游产品的价格均大于Stackelberg竞争下的情形；选择作价格的领导者是TA的占优策略。另外，通过算例表明，TA应在其产品线上市场的潜在需求比例较大时，与OTA建立低单位销售佣金的销售合作关系；OTA应与TA建立低服务水平与低单位服务报酬系数的服务合作关系。

（3）针对OTA如何利用TA线下资源优势实现共创O2O模式的问题，设计了OTA单向委托TA提供线下服务的合作形式，考虑TA线下服务能力信息不对称，建立在信息对称与不对称情形下OTA与TA的服务合作模型，研究了信息不对称对TA与OTA收益和契约设计的影响。研究发现，当OTA销售能力较低或销售成本较高时，会增加对TA的固定支付，激励TA参与共创O2O模式的积极性；OTA通过权衡固定支付与服务报酬率对TA的不同作用设计服务报酬契约；信息不对称总是会造成OTA期望收益受损，除最低服务能力类型的TA外，其他类型的TA均能获得严格的信息租金。

（4）针对TA如何利用OTA线上资源优势实现长期共创O2O模式的问题，设计了TA单向委托OTA线上销售的合作形式，并研究了销售成本分担契约对双方共创O2O模式的协调作用。考虑线上销售和线下服务水平以及TA品牌形象对客源市场的影响，兼顾多周期连续合作中TA服务对其品牌的提升作用，构建了线上销售成本共担的两主体微分对策博弈模型。研究发现，OTA的最优销售努力和TA最优服务水平决策与成本投入、边际收益及服务对需求的影响有关；销售成本分担契约与协同合作均优于非合作独立决策状态，能够有效引导 OTA 提高线上销售努力，并改善共创 O2O 模式参与双方的收益和系统总收益。其中，在销售成本分担契约下，TA 和 OTA 之间的边际收益关系影响双方收益的改善效果。

时萍萍

2023 年 3 月 16 日

目　录

第一章 绪论

第一节 问题的提出与研究意义

一、问题的提出

近年来，O2O 模式是将互联网线上交易与线下消费结合在一起的新兴电子商务商业模式（马德青和胡劲松，2021；Wang et al.，2021），O2O 模式将上游的企业与下游的消费者紧密联系在一起，不仅为消费者提供直接接触商家的平台和渠道，也为企业寻找到新的发展契机。随着信息技术的快速发展，旅游逐渐进入电子商务时代，涌现出一大批在线旅游平台。互联网的普及和网络环境的优化使在线旅游平台迅速扩张，促进了 O2O 模式在旅游市场的快速发展，如酒店、景点等旅游供应商通过自建网站或与第三方网站合作形成了 O2O 模式，成功把握住了新的商业机会（Ma et al.，2020；Yang et al.，2021）。携程发布的《2023

年春节旅游总结报告》显示，中国在线旅游市场交易规模由 2015 年的 4127 亿元增长至 2021 年的 8635 亿元（见图 1-1）。随着在线旅游市场交易规模的增长，在线旅游用户规模也逐年增长，由 2015 年的 2.75 亿人增长至 2021 年的 4.49 亿人，表明在线预订已成为游客越来越青睐的预订渠道，且在线旅行社（Online Travel Agency，OTA）已成为旅游产品在线营销的主要平台之一（见图 1-2）。随着在线旅游市场的不断发展壮大，在线旅游市场规模占比由 2015 年的 19% 增长至 2021 年的 46%，增长明显，如图 1-3 所示。

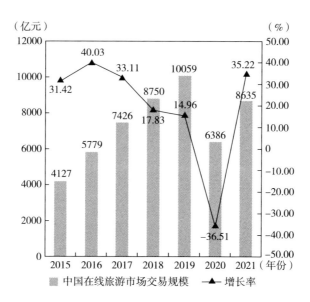

图 1-1　2015～2021 年中国在线旅游市场交易规模

受在线旅游市场冲击的影响，一些大型传统旅行社（Travel Agency，TA）也先后自建旅游网站，如中青旅遨游网、康辉旅游网等，形成了线下实体店与线上销售相结合的 O2O 模式。然而与早先涉足线上旅游产品销售的去哪儿网、携程网、途牛网等大型 OTA 相比，TA 属下的旅游网站在网站运营技术和在线旅游市场份额等方面仍有较大差距。另外，在线旅游产品同质化导致 OTA 之间的竞争越来越激烈，

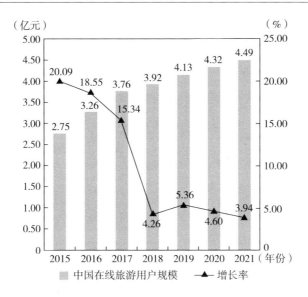

图 1-2　2015~2021 年中国在线旅游用户规模

图 1-3　2015~2021 年中国在线旅游市场规模占比情况

价格战已不能成为其竞争市场的有效手段。为了保持在线旅游市场的优势地位，尽管 OTA 尝试开设门店形成 O2O 模式实施服务差异化战略，但最终因缺少经验、成本过高而难以开展实施，如悠哉网开设线下门店提供专业化的旅游咨询服务，但最终因经验欠缺和成本投入过高而失败。综上分析可见，TA 与 OTA 均需改变现有的经营模式突破发展"瓶颈"，但仅靠自有资源难以在 O2O 模式建设中取得成效（谭春桥等，2021）。2023 年 3 月，文化和旅游部下发《关于推动在线旅游市场高质量发展的意见》，其中提到在线旅游是旅游业的关键环节，是满足人民旅游需求、促进旅游消费、带动旅游产业发展的重要力量。近年来，TA 与 OTA 合作的现象不断出现，如众信与悠哉网、旅游百事通与去哪儿网等，TA 投入门店、旅游线路、线下市场等资源，OTA 投入在线市场的销售经验、网络管理技术、营销知识等资源，双方发挥资源优势互补并形成了旅行社共创 O2O 模式。

在旅行社共创 O2O 模式过程中，TA 与 OTA 已有的互补性资源是合作的基础。企业间的资源互补，不仅有利于企业间形成相互依赖关系，还可以发展企业间协同作用，提高企业的竞争优势（Cobeña et al.，2017；Madhok and Tallman，1998）。另外，互补性资源可以扩大企业的规模经济，产生新的资源和技能，从而创造出新价值（Veer et al.，2022；Hitt et al.，2001）。但 TA 与 OTA 双方存在公开或潜在的竞争，导致双方在共享自身核心互补性资源的同时，还要考虑资源投入的机会主义风险。资源的相似性较低，也会导致管理和组织上的复杂性和差异性，产生协调成本。此外，"线下实体店与线上销售" O2O 模式的本质是实现线上销售与线下服务的融合（马德青和胡劲松，2021），不合理的合作方式则不能将对方的资源优势与自身的核心资源优势进行有效的使用、匹配，导致资源互补优势无法体现，合作效率低下，进而无法实现 O2O 模式。最后，在共创 O2O 模式中，TA 与 OTA 属于不同的利益个体，双方之间的竞合关系充斥着共创 O2O 模式的全过程，合作方信息不完全、不努力以及双方利益目标的不一致，均会导致共创的 O2O 模式效率低下。因此，为了提高互补性资源的效率，以及双方的合作收益，稳定共创 O2O 模式的长期发展，亟须解决以下三个关键问题：一是双方在共创 O2O 模式中，如何对互补性资源共享进行科学决策；二是通过何种具体的合作方式在发挥双方互补性资源优势的同时，又能实现双方的 O2O 模式；

三是双方在既定合作下，如何设计契约激励合作方提高努力程度，协调 O2O 模式。具体而言：

1. 如何在资源效率损失与收益权衡下对互补性资源共享进行科学决策

在共创的 O2O 模式中，当合作双方能够整合互补性资源并达到协同作用时，这种合作最有可能创造出新的价值（Madhok and Tallman，1998）。但资源互补的合作者很少有知识交叠，故彼此之间有可能学习对方的新知识，且资源的高度不相关会因为监督与控制的困难而引起机会主义风险（Zhao et al.，2021），同时 Velu（2014）和钟榴等（2020）也认为，联盟中的互补性资源的增加，会导致合作双方产生资源的协调成本。协调成本以及机会主义风险的增加会导致资源投入的效率损失。可以推断，TA 与 OTA 在进行资源共享决策时，会面临对共创新价值的渴望以及资源共享风险的两难境地。因此，TA 与 OTA 如何对互补性资源共享进行科学决策，降低资源效率损失，是双方成功实现共创 O2O 模式并提高合作收益的关键。

2. 通过何种合作方式发挥资源互补优势，实现共创 O2O 模式

由于 OTA 具有线上销售旅游产品的经验、专业技能及知识资源（Shi et al.，2022；Huang，2006），能为游客提供人性化、简单化、安全的网络购物环境，现有关于景点、酒店、航空等旅游企业与 OTA 的合作研究多是基于双方建立线上销售合作形式，探讨双方的合作策略问题。与酒店和航空等旅游企业不同，TA 能够利用门店以及专业的旅游销售人员等资源为游客带来个人化、专业化的信息、旅游体验和建议等服务（Shi and Hu，2021；Walle，1996），提升游客购买中的体验价值，影响游客的购买决策行为。因此，TA 与 OTA 选择何种合作方式，充分发挥 OTA 的线上销售资源优势和 TA 线下服务资源优势，是双方提高整体竞争优势的重要方式。

3. 既定合作方式下，如何设计契约激励合作方，协调 O2O 模式

在共创 O2O 模式中，利益的不一致使双方在合作中难免做出不利于合作的行为。例如，不如实报告自身的真实信息、合作中不努力以及决策目标不一致等行为，从而导致共创 O2O 模式效率低下或失败。因此，在既定的合作中，TA 或 OTA 如何设计契约以激励对方做出发挥其资源优势的努力或协调双方的收益，是双方提高 O2O 模式合作效率和合作价值的关键。

基于此，结合重庆市研究生科研创新项目"旅行社合作共创 O2O 商业模式的资源投入决策研究（CYB16004）"，本书拟以"互补性资源共享下旅行社共创 O2O 模式的合作策略研究"为题，开展 TA 与 OTA 共创 O2O 模式下的互补性资源共享、合作以及契约策略的研究，研究成果对巩固和发展旅行社共创 O2O 模式具有重要学术研究和应用价值。

二、研究意义

旅游业作为国家战略型支柱产业，其综合性的特点能够带来产业集群效应，实现旅游业的可持续发展是推动我国经济发展的重要举措。近年来，虽然在线旅游市场得到快速发展，但 TA 与 OTA 之间的合作才刚刚起步，双方在迎来新机遇的同时也面临巨大的挑战。本书以合作理论和委托代理理论为基础，探讨互补性资源共享下 TA 与 OTA 共创 O2O 模式中的合作策略，研究主体紧密贴合旅行社业的最新研究方向，主要研究意义包括以下四个方面：

1. 丰富并发展了 O2O 模式的理论研究

由于旅游产品具有无形性、生产与销售的同时性等特征，旅游产品的在线销售即可实现"线上销售+线下商家"的 O2O 模式，现有文献对这种"线上销售+

线下商家"O2O 模式进行了大量的研究，并得出具有指导意义的成果。而在旅行社销售度假游产品过程中，实体门店的咨询、建议等线下服务对游客决策也将产生重要影响。因此，研究 TA 与 OTA 合作形成的"线下实体店+线上销售"的 O2O 模式，既符合旅行社业中 TA 与 OTA 的实际发展情况，又能丰富并发展 O2O 模式的理论研究。

2. 充实了旅游企业间的合作理论研究

在互联网与信息技术的快速发展下，旅游市场的激烈竞争使得 OTA 与 TA 从单一的竞争关系逐渐向合作方向发展。TA 拥有的门店、旅游线路、销售人员等资源线下资源，以及 OTA 具有销售旅游产品的技术、品牌、网络运营管理等线上资源，是 TA 与 OTA 共创 O2O 模式的基础。虽然现有关于旅游企业与 OTA 之间的合作研究，已经积累了一定的研究成果，但以往学者过多从 OTA 分销的角度研究酒店、景区以及航空等与 OTA 之间的合作问题。与以往旅游企业与 OTA 合作研究不同，本书从资源基础理论的视角，分析双方的资源优势以及发挥资源优势的合作策略等问题，丰富并加强了旅游企业间的合作理论研究。

3. 为 TA 与 OTA 减弱竞争、增强优势提供可行方案

TA 与 OTA 建立互补性资源共享，不仅能够有效改变或减弱双方激烈竞争的现状，弥补双方在自身发展 O2O 模式中的劣势，更能突破 TA 与 OTA 现有发展"瓶颈"，增强双方的整体竞争优势，促进了旅行社业的健康发展。TA 与 OTA 合作策略的实施，能保证双方长期收益稳定，克服和降低开创 O2O 模式中的不确定性，能有效降低各种不确定带来的风险和成本。

4. 为 TA 与 OTA 合作共创 O2O 模式发展提供决策依据

现阶段，TA 与 OTA 之间的合作才刚刚起步，本书研究为 TA 与 OTA 合作共

创 O2O 模式中资源如何共享提供参考依据；另外，TA 与 OTA 能够根据实际情况的不同，选择性地采用服务合作、销售合作或者同时建立两种合作的方式，发挥双方互补性资源的优势，实现共创 O2O 模式线上销售与线下服务的融合，减少决策过程中的盲目性。

第二节　研究内容及基本框架

一、研究内容

本书研究了旅行社共创 O2O 模式的互补性资源共享策略和发挥互补性资源优势下的具体合作策略。全书共分为八章，研究主要内容如下：

第一章对本书的选题背景、问题的提出和研究意义进行了阐述，并就本书的主要内容、基本框架，以及研究方法及主要创新点进行了说明。

第二章对研究主题相关领域的文献进行了综述，主要包含四个方面：基础理论和概念、O2O 模式的相关研究、互补性资源与合作以及旅游企业与 OTA 合作。

第三章为旅行社的资源优势与共创 O2O 模式的合作方式。主要对旅行社共创 O2O 模式的动因、特点和优势进行描述，并对旅行社的核心资源与优势进行分析，进一步研究了基于委托代理授权方向的合作方式，以实现 O2O 模式线上销售与线下服务的融合，为后续研究不同合作方式下的策略奠定了基础。

第四章为旅行社共创 O2O 模式的互补性资源共享决策。TA 与 OTA 核心互补资源的共享能使彼此成为良好伙伴，产生更多收益，但互补性资源的共享会带来机会主义风险并产生协调成本致使资源遭受效率损失。考虑 TA 与 OTA 资源之间的互补性，并结合双方参与合作的努力程度，采用柯布—道格拉斯生产函数构建合作共创 O2O 模式的收益模型，在收益与效率损失共同作用下，运用 Stackelberg 博弈开展双方互补性资源共享决策研究，详细探讨 TA 与 OTA 达成合作的条件、双方在合作中面对收益与风险的权衡应对、双方对合作伙伴行为的反应等。

第五章为旅行社共创 O2O 模式的销售与服务合作策略。OTA 拥有网络销售经验和技术等资源，而 TA 拥有门店和专业的旅游销售人员，能提供咨询、体验等服务，在 TA 与 OTA 建立线上销售合作的同时，OTA 与 TA 建立线下服务合作的方式，充分发挥双方的资源优势，提高互补性资源的效率和共创 O2O 模式的整体竞争优势。考虑 TA 与 OTA 双方均拥有度假游产品，建立双方基于线上销售和线下服务合作的竞争模型，在 TA 领导的 Stackelberg 博弈及双方地位均等的 Bertrand 博弈竞争结构下，分析与比较双方的合作条件、定价策略和收益。

第六章为信息不对称下旅行社共创 O2O 模式的服务合作契约策略。在共创 O2O 模式中，由于 OTA 与 TA 成员利益相对独立，私有信息较难公开。基于此，考虑 TA 服务能力信息不对称的情况下，建立了信息对称与不对称情形下双方建立服务合作共创 O2O 模式的模型，分析信息不对称对 OTA 的服务报酬佣金契约、销售努力、TA 的服务努力以及双方的期望收益的影响。

第七章在 TA 利用 OTA 线上资源优势，建立 TA 单向委托 OTA 提供线上销售的合作方式，实现共创 O2O 模式的背景下，研究了销售成本分担契约的协调效果。游客购买共创 O2O 模式旅游产品的偏好不仅取决于 OTA 的在线销售努力，同时也受 TA 线下服务质量的影响。基于此，考虑 OTA 在线销售努力与 TA 线下服务质量和 TA 品牌形象对客源市场的影响，以及多周期连续合作中服务质量对品牌形象的提升作用，构建销售成本共担的两主体微分对策博弈模型，分析并比较 Nash 非合作博弈、Stackelberg 博弈以及协同合作博弈下的最优策略。

第八章为结论及展望，并对可能的管理启示进行阐述。此外，论述了本书在方法和内容上的局限与不足，并对后续研究进行了展望。

二、基本框架

通过对以上研究内容的总结，可以得出本书的基本框架，如图 1-4 所示。

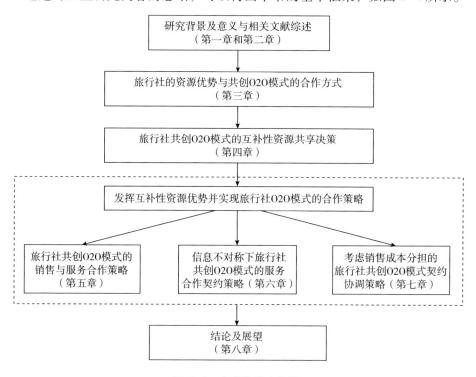

图 1-4 本书的基本框架

第三节 研究方法和主要创新点

一、研究方法

本书主要采用博弈理论、算例仿真对互补性资源共享下旅行社共创 O2O 模式的合作策略进行研究。

1. 博弈理论

博弈论又可称为"对策论""赛局理论",是应用数学的一个分支,现已被广泛应用于生物学、经济学、政治学、军事学、人工智能等领域,是研究具有斗争或竞争性质现象的数学理论和方法。博弈论在表示多决策主体之间进行相互作用时,各主体根据自身所掌握的信息和能力认知,做出有利于自身决策的行为。本书先后使用了传统博弈及微分动态博弈,其中,传统博弈是基于决策主体"完全理性"的假定,能在复杂的环境中通过预测他人的行动,判断和决策自身的行为,从而实现自身的利益最大化的目标;微分对策博弈是处理双方或多方连续时间内对抗冲突、竞争或合作问题的主要数学工具,经过几十年的发展,现已广泛应用于经济、社会、管理等各方面。在旅游业,微分对策博弈已被用来研究景区与旅行社之间的低碳合作。

2. 算例仿真

算例仿真是指利用计算机技术进行数值模拟验证,已广泛应用于经济、管理等领域。一般简单的线性博弈模型中的结果比较容易获得解析解,但在复杂的线性或非线性的博弈模型中,解析式一般比较复杂,较难得到参数对博弈参与方行为的影响。因此,本书使用 MATLAB 软件进行算例仿真,通过对旅行社共创 O2O 模式中各参与主体的参数变化,直观解释各参数对自身及合作者收益和行为的影响。

二、主要创新点

我国在线旅游市场规模的不断扩大,已取得一定的成就,TA 与 OTA 所形成的 O2O 模式，有效地促进了传统旅游企业与在线旅游平台的发展，但双方的合作也面临互补性资源效率低下、如何发挥资源优势以及如何设计契约等问题。本书对互补性资源共享下 TA 与 OTA 共创 O2O 模式的合作策略进行研究，创新之处主要体现在以下三个方面：

1. 基于资源基础理论，研究 TA 与 OTA 合作共创的 O2O 模式

现有对在线旅游的研究多集中于酒店、景区、航空与 OTA 的合作问题，多强调 OTA 是其重要的在线分销渠道，与酒店、景区、航空等与 OTA 的合作问题不同，OTA 不仅是 TA 的重要分销渠道，更为重要的是提供了线上销售的技术、品牌、市场规模等资源，且 TA 也为 OTA 引入了旅游线路、旅游服务等互补类核心资源。可见，双方现有的资源是合作的基础，因此，基于资源基础理论的视角，研究 TA 与 OTA 共创 O2O 模式的互补性资源共享策略，不仅在研究视野和理论深度上突破了以往研究的局限，也为旅游合作的研究提供了新思路和新方向。

2. 根据委托代理授权方向不同，研究旅行社共创 O2O 模式的三种合作方式

为了使 TA 与 OTA 在合作共创 O2O 模式中能发挥资源互补优势，本书构建了基于线上销售和线下服务合作的具体合作形式，使 TA 发挥线下服务的资源优势，OTA 发挥线上销售的资源优势，并进一步根据委托代理授权方向不同，研究了双方同时建立销售与服务合作、OTA 与 TA 仅建立服务合作以及 TA 与 OTA 仅建立销售合作的三种不同情景下的策略，为 TA 与 OTA 合作实现 O2O 模式提供了多种可能的合作方式，既是对现有委托代理理论的应用和扩展，也是对合作理论的丰富和发展。

3. 将"线下服务"作为重要因素纳入 TA 与 OTA 合作中，研究双方共创 O2O 模式的合作策略

随着在线旅游产品的同质化竞争的加剧和服务经济的发展，服务已成为影响旅游产品需求的重要因素。尤其对度假游产品来说，旅行社门店的线下咨询、专业建议等服务水平的高低，对游客购买度假游产品的决策具有重要影响。区别于以往旅游企业与 OTA 仅建立销售合作的研究，本书开创性地将"线下服务"作为重要因素纳入双方合作中，既突破了 OTA 现有的发展"瓶颈"，又避免了我国在线旅游现有的恶性价格战，对推动在线旅游的差异化发展具有显著的创新意义。

本章小结

本书立足于国家战略型支柱产业——旅游业，并结合文化和旅游部下发《关于实施"旅游+互联网"行动计划》的通知，应用资源基础理论、交易成本理论、委托代理理论，开展互补性资源共享下 TA 与 OTA 共创 O2O 模式的合作策略研究。不仅梳理了 O2O 模式的具体概念、旅游企业与 OTA 合作发展的现状，还运用博弈理论深入探讨了合作达成的条件、合作中互动策略决策，并依据委托代理授权方向不同，对共创的 O2O 模式的三种合作方式进行了详细分析。综上所述，通过对研究问题的提出、研究意义、研究框架、研究方法、创新性等方面的阐述，为合理有序开展后续章节研究奠定了基础。

第二章 文献综述

随着现代信息技术与互联网的不断进步，O2O 模式应运而生。本章对研究中所涉及的基础理论和概念、O2O 模式的相关研究，以及互补性资源与合作、旅游企业与 OTA 合作的相关研究进行了系统的回顾和综述。在基础理论和概念方面，首先，对合作基础理论和委托代理理论进行回顾，并对 O2O 模式、旅行社、互补性资源的概念进行阐述；其次，对主要的"线上销售+线下商家""线下实体店+线上销售"两类 O2O 模式的相关研究进行归纳和总结；再次，对互补性资源与合作关系的相关文献进行梳理，为后文互补性资源共享策略研究奠定基础；最后，对相关旅游企业与 OTA 合作研究等方面进行回顾和梳理，为后文研究不同合作形式下 TA 与 OTA 发挥互补性资源共创 O2O 模式的合作和契约等策略提供借鉴。

第一节　基础理论与基础概念

一、基础理论

1. 合作基础理论

（1）交易成本理论。1937 年，Ronald H. Coase 在 *The nature of the firm* 一文中最早提出的"交易费用"的概念，开创性地利用"交易费用"的理论研究企业存在的意义。Coase 指出，任何交易行为均会产生成本，交易行为不仅受市场价格机制作用，企业家行为亦对其有影响。在传统市场上，价格机制起主导作用，但通过价格产生的交易是存在成本的，如发现价格的成本和谈判、缔约的成本，这使价格机制不能充分体现交易的本质。通过形成企业这样的组织内化市场交易、配置资源，有效降低市场价格机制的费用，增强经济活动的效率。另外，企业是与传统市场并行的机制，并不能完全替代市场。而由市场完成交易的成本与企业组织交易成本相等时，为企业的边界点。

1975 年，O. E. Williamson 对 Coase 的研究成果进行了系统性的总结并进一步扩展，提出了"交易成本理论"，形成了规范的研究范式。Williamson 将交易成本分为搜寻成本、信息成本、议价成本、决策成本、监督成本以及违约成本等。1985 年，Williamson 借用"合同"的概念分析交易成本，认为交易成本分为事前交易成本和事后交易成本两类，事前交易成本是签订合同之前的成本，体现在起草合同、交易谈判和保障契约等成本，事后交易成本是签订合同之后的成本，体现在适应性成本、讨价还价成本、建构及运营成本、约束成本等。之后，不断有学者对交易成本理论的内涵进行深入分析和扩展。1986 年，马修斯将交易成本定义为履行合同的费用，包括事前准备合同、事后监督及强制合同执行的费用，此定义与 Willismson 相似。此后，克劳奈维根（2002）、Vining 和 Globerman（1999）在交易成本分类中，强调了机会主义成本。机会主义成本是指任何一方为了自身的利益采取机会主义行为而产生的成本，典型的表现有不履行承诺、"敲竹杠"等。

相对于传统经济学中对个体的"绝对理性"的假定，交易成本理论将个体假定为"有限理性"。所谓有限理性指的是个体主观上努力追求，即追求利益最大化、成本最小化，但客观上只能部分做到，是有限条件下的理性行为。在有限理性的假设条件下，只能建立不完备契约，分歧或纠纷不可避免会增加，导致事前、事后交易成本的上升，降低组织经济活动效率。同时，机会主义倾向被认为是产生交易成本的前提，是指个体通过不正当手段谋求自身利益最大化的倾向，源于交易信息不完整或不对称。机会主义行为分为事前和事后的机会主义行为，由于机会主义行为的存在，增加了交易的复杂性以及交易双方信任的难度（Christian and Christian，2014）。另外，交易成本主要受资产专用性、交易不确定性以及交易频率三个维度的影响（Williamson，1985，2012）。

（2）资源基础理论。1959 年 Penrose 在《企业成长理论》一书中提出企业是各种资源的集合体，并认为资源和能力对企业加强经济效益至关重要。这些观点为资源观的形成奠定了坚实的基础。之后，1984 年，Wemerfelt 在 *Stategic Management Journal* 上发表 *A resource-based view of the firm* 一文，提出企业获得超额收益、保持竞争优势的关键是企业内部的组织能力、资源和知识的积累。而后，Grant 根据 Penrose 等对资源基础观的理解，对其进行了补充和完善，并形成了系统性的理论——资源基础理论。1990 年，Prahalad 和 Gray Hamel 在 *Harvard Business Review* 上发表 *The core competence of the corporation* 一文，使资源基础理论更贴合工商管理实践，对该理论在企业管理中的应用做出巨大贡献。之后，涌现了一大批研究资源基础理论的学者并形成了大量的研究成果，资源基础理论逐渐走向成熟，并衍生出资源依赖理论、能力理论、动态能力等。

资源基础理论的主要内容包括三个方面：①特殊的异质资源是企业竞争优势的来源。1991 年 Barney 在 *Firm resources and sustained competitive advantage* 一文中对"资源"做出了详细的定义，并认为每个企业的资源有很大的差异性，而这些差异性的资源构成了企业竞争优势的来源，并指出作为竞争优势来源的资源应当具备以下五个特性：稀缺、有价值、不可替代、难以模仿、不可交易，竞争性的资源必须同时满足以上全部特性。②资源的不可模仿性是持久竞争优势的来源。企业的异质资源能够为企业带来经济租金，没有经济租金的企业会模仿其他企业。而企业租金是所有活动的综合结果，难以明确哪类资源与企业租金的明确关系，另外，模仿的时间成本和资金成本造成了模仿行为的无效性。③特殊资源的获取与管理。企业长远发展的关键是培育、获取能为企业带来竞争优势的资源，具体地，企业可通过组织学习、知识管理、建立外部关系网络等方式发展企业的优势资源（王开明和万君康，2001）。随着市场和环境不确定性增加，企业管理资源的重点也由内部逐渐转向外部。如何获取外部资源并合理配置外部资源，提高使用效率、减少浪费，成为企业应对外部动荡环境的重要挑战。Das 和 Teng（2000）指出，通过与其他企业形成战略联盟，企业可以获得能够为其带来竞争优势、有价值、不可模仿的资源。通过与其他企业建立密切合作关系，对资源、生产要素进行整合、共享，保持并加强企业以及合作网络的竞争优势。因此，如何实现"合作—获取资源—竞争优势"已成为企业在经济发展中普遍关注的重点。

2. 委托代理理论

（1）委托代理关系。委托代理理论是契约理论最重要的发展之一。20 世纪

60 年代末 70 年代初，一些经济学家深入研究企业内部信息不对称和激励问题，从而发展了委托代理理论。Mirrless（1976）认为，"委托代理关系是一个人或一些人委托一个人或一些人根据委托人利益从事某些活动，并相应地授予代理人某些决策权的契约关系"。从 Mirrless 的定义来看，委托代理关系的实质是契约，一个或多个行为主体根据契约委托其他人或行为主体提供相应的服务，并支付相应的报酬。Hart 和 Holmstrrom（1987）认为，委托代理关系源于专业化，代理人由于专业化的存在而代表委托人行动。

在经济活动中，由于个人或企业拥有的初始禀赋和生产要素等方面存在差异，为了实现资源优化配置和经济收益最大化，从而委托其他行为主体代理某些业务活动的行为，委托代理的关系十分复杂，委托人与代理人之间的关系有可能变换，较难区分。根据委托代理的授权方向，理论上可将委托代理关系分为两种模式（王玲，2008）：

一种是单向委托代理关系。在这种关系中，委托授权的方向总是单一的，且委托人与代理人的身份固定不变，在同一类事情中委托授权不可逆向进行。

另一种是双向委托代理关系。这种关系中，不存在初始委托人和最终代理人，整个委托代理关系构成一个闭合的委托代理关系，在不同合作过程或形式下，委托人和代理人的身份有可能互换。

（2）委托代理问题。委托代理理论遵循"经济人"假设为核心的新古典经济学研究范式，以委托人与代理人之间的利益冲突和信息不对称两个基本假设为前提。因此，委托代理问题是：由于代理人委托人双方目标函数不一致，参与人的信息不对称和不确定性，委托人难以采取监督措施，代理人为追求自身利益最大化而做出损害委托人的行为。从信息不对称发生的时间来看，不对称可能发生在签约之前，为事前不对称，也有可能发生在签约之后，称事后不对称。Arrow（1985）将委托代理问题分为两种类型：逆向选择和道德风险。逆向选择属于事前不对称，即代理人占有委托人观察不到的信息，并利用这些私有信息做出利己的策略行为；道德风险属于事后不对称，即由于委托人难以观察监督代理人行为，代理人采取的不利于委托人的行为。由于存在委托代理问题，学术界研究了委托人的激励机制和监督机制，以减少代理问题，抑制代理人的逆向选择和道德风险。其中，解决逆向选择问题主要有信号传递和信号甄别两种方法：信号传递是委托人观测到代理人传递的信息信号后与其签订契约；信号甄别是委托人设计一系列的甄别机制，在代理人根据自身的类型选择合适契约的行为中，甄别代理人的私有信息；道德风险可通过设计激励合同以限制代理人的欺骗行为。

二、基础概念

1. O2O 模式概念

早在 2006 年，虽然沃尔玛公司运用 B2C 的业务进行衍生——Site to Store 的 B2C 战略，实际运作 O2O 模式，沃尔玛先使用 B2C 的网络平台进行顾客订单管理和在线支付，然后顾客到 4000 多家连锁店上门取货。但 O2O 一词最早由 Trial-Pay 的创始人 Alex Rampell 于 2010 年在博客中提出，他在对四家公司（Groupon、Restaurant. com、OpenTable、SpaFinder）进行研究时，发现了四家公司都有从线上到线下业务拓展的共同特征，随后，Alex 对 O2O 模式进行了定义，核心为：通过网络扩大消费者市场，然后将消费者引入实体商店中消费体验。O2O 模式融合了线上购物在线支付的便捷性和线下实体店的良好体验，给线下商业活动带来了较大的发展空间（Wu et al.，2020）。O2O 模式的典型操作流程为：首先，客户在 O2O 平台上下订单，并且他们的订单通过在线渠道即时传输给商家，在商家确认后，根据订单准备产品；同时，O2O 平台根据收到的订单生成配送请求，并通知附近可用的司机。其次，司机从商家那里获得产品并将其交付给客户。最后，当客户收到产品后，可以在 O2O 平台上提交关于商户或司机的评论（Dai et al. ，2023）。近年来，零售业和服务业都进行了 O2O 模式的尝试，如苏宁云商打造线上和线下融合的 O2O 模式，餐饮等服务企业与团购网站等合作构建线上消费线下体验的 O2O 模式。随着 O2O 模式在实业界的持续高涨，学术界对 O2O 模式的研究也逐渐起步。众多学者从各自领域和学科的角度对 O2O 模式的概念进行界定，如从本地生活服务的角度、线上线下互动次序和方式等方面（金亮等，2022；张相斌和罗玲桃，2020；田宇等，2022）。Savila 等（2019）把 O2O 模式理解为线上和线下渠道之间的跨渠道整合服务，使顾客能够通过两个渠道依次进行购物活动。Talwar 等（2021）认为，O2O 模式是指顾客通过移动应用程序在线预订或购买产品或服务，以便在离线位置使用或体验。Wang 等（2021）指出，O2O 模式作为一种新型的商业模式，融合了线上交易和线下体验，已成为企业发展的一项重要战略。在旅游业中，O2O 模式通过融合线下旅游资源和互联网资源，既有利于在线旅游网站的发展，又可使传统旅游企业优化配置资源。本书中共创的 O2O 模式特指 TA 与 OTA 合作形成线上与线下融合的一种模式，其主要表现为"线下实体店+线上销售"相结合的形式。

2. TA 与 OTA 的概念

本书所讨论的旅行社共创 O2O 模式由两大旅行社合作构成，即传统旅行社和在线旅行社。旅游业涉及交通业、餐饮业、住宿业、娱乐业等产业，游客出行需收集并掌握食、住、行、游、购、娱等全方位信息，出于对游客出行便利的考虑，旅游中介产业——旅行社业由此诞生。我国《旅行社条例》中明确将旅行社定义为"从事招徕、组织、接待旅游者等活动，为旅游者提供相关旅游服务，开展国内旅游业务、入境旅游业务或者出境旅游业务的企业法人。"Morrison（1989）和 Yang 等（2009）指出，TA 以批发价格向酒店、旅游交通景区等旅游供应商处购买各种服务项目，根据旅游者的出行需要进行组合，形成包价游，并融入旅行社特色服务，出售给游客，是旅游产品分销渠道中不可或缺的环节。在本书研究中 TA 特指能利用线下门店，为度假游提供售前咨询、建议等服务的旅行社。

随着我国互联网技术的发展和网上交易环境的优化，在线旅游交易的市场规模也随之日渐扩大。会聚了大量旅游信息的 OTA 也在旅游产业链中占据了重要位置，其盈利模式主要来自旅游供应商的代理佣金和提供相关旅游和旅行服务的增值（Zhu et al.，2023；张巧可等，2023）。OTA 与其他在线旅游企业有一定的区别，OTA 应取得从事招徕、组织、接待游客等活动的资格，另外，OTA 能具备在线经营的技术条件，能提供在线查询旅游线路、在线预订和交易等活动。我国在线旅游企业分类如表 2-1 所示。随着在线旅游走向多元化时代，在线旅游服务商与 OTA 的界限也越来越模糊，双方也较难进行区分。

表 2-1　我国在线旅游企业分类

运营商分类	经营主体		代表企业	主要业务	盈利方式
在线旅游经营企业	OTA	综合性在线旅游服务商	携程、艺龙、同程	提供食、住、行、游、购、娱多方面在线代理	通过向游客销售旅游产品来获取收益
		新兴在线旅游交易服务商	途牛、驴妈妈、悠哉	提供在线度假旅游产品代理	
		传统旅行社自建网站	芒果、遨游	旅行社度假产品在线交易	
	各旅游供应商自建网站		国内航空公司、酒店、景区的直销网站	酒店、景区、航空产品直销	
在线旅游服务商	旅游垂直搜索网站		酷讯	提供旅游信息搜索	向旅游企业收取佣金或广告费
	点评类网站		到到网、驴评网	提供点评、攻略服务	

根据旅游业务中的分工，OTA 又可分为在线旅游经营商和在线旅游代理商。其中，在线旅游经营商主要是指从事旅游产品的生产和组合，并融入自身特色服务，依托网络平台对自身的旅游产品进行宣传，具备线下组团或接团能力的旅行社。在线旅游代理商出售、宣传酒店、机票、景点以及其他旅游经营商的包价游产品，起代理作用。虽然 OTA 经过了多年的快速发展，已经完成了第一轮在线

旅游市场份额的瓜分。但在线旅游产品同质化严重，使在线市场竞争越来越激烈，价格战已不能成为其保持竞争优势的有效手段，OTA 亟须转变战略，打破现有在线旅游恶性竞争的局面。在本书研究中 OTA 特指能利用线上销售经验、品牌、市场等资源，为度假游提供线上销售的在线旅行社。

3. 互补性资源的概念

互补的概念来源于数学几何中角的互补，随着资源基础理论的不断发展和完善，学者们将几何中的"互补"概念应用到资源性质中，用来描述不同特性之间的资源无法单独发生作用，必须通过与其互补资源的聚合才能产生较大的效用（Teece and Pisano，1994）。虽然资源基础理论在 1959 年就已经提出，但直到 1995 年互补性资源的概念才被 Milgrom 和 Roberts 完整界定，他们强调了资源之间只有相互配合才能产生互补效应，进而取得较大收益，获得资源增值。近年来，随着学术界对互补性资源研究视角的不同，互补性资源的概念也有一定差别。

基于合作创新的视角，Teece 和 Pisano（1997）指出，互补性资源不是单一孤立存在的资源，而是由多种资源集合形成的综合体，在创新过程中，创新资源需要与互补资源共同作用才能带来价值增值。互补性的资源在形成过程中具有路径依赖，难以被其他企业模仿，从而保持竞争优势。Lambe 等（2002）将互补性资源定义为联盟内资源之间的互补程度，联盟通过提供不同的能力、知识或其他实体，弥补其他联盟、其他成员的资源缺陷，或者加强合作成员实现组织目标的能力。在企业合作创新过程中，互补性资源与战略资源是影响企业合作创新绩效的重要因素（吴杰，2022；Lunnan and Haugland，2008）。褚燕（2008）认为，在企业协同创新过程中，创新主体可以通过合作获取与能力、知识、技术等方面共同产生合力的互补性资源。刘和东和陈文潇（2020）认为，资源互补度是我国企业选择联盟伙伴的指标之一。以上研究均强调了互补性资源是在合作创新网络中的差异性资源，需要通过与其他资源的相互作用才能产生较大的合作效益，正式和非正式的合作创新网络是互补性资源传递的有效途径。

从组织规模视角来看，不同大小的企业资源优势和组织行为有差异，双方联盟可以形成资源优势互补，提高企业创新成功的可能性，产生创新效应。双方的合作不仅有利于技术创新，还有利于创新的商业化过程（Stuart，2000）。信息技术视角将 IT 资源以外的资源认定为 IT 资源的互补性资源，包括人力资源、业务资源（Keen，1993；李士洁，2010）、企业特征（Kettinger et al.，1994）等。

在旅行社共创 O2O 模式过程中，TA 与 OTA 所拥有的资源对 O2O 模式的形成是互补的，TA 拥有多家门店、旅游线路、销售人员、导游等资源，可以提供差异化的线下服务，而对 OTA 来说，其线上销售旅游产品的技术、游客黏性以及品牌等资源，可以为线上交易和开拓线上市场提供保障。

第二节　O2O 模式的相关研究综述

本节从 O2O 模式线上到线下和线下到线上的分类出发，主要对"线上销售+线下商家""线下实体店+线上销售"两类 O2O 模式相关研究的文献进行综述。

一、O2O 模式的分类

自 2010 年 Alex Rampel 提出 O2O 的概念后，学术界对其进行了关注，国内外学者研究视角不同，导致了 O2O 模式分类也不相同。Zhou 等（2023）从多渠道引流合作模式，O2O 模式分为 Offline to Online 模式、Offline to Online to Offline 模式和 Online to Offline to Online 模式。罗倩和李琰（2018）根据 O2O 平台企业的作用将 O2O 模式分为垂直平台模式、专业平台模式、混业平台模式、云商平台模式。满富委（2014）根据涉及产品或服务不同，将 O2O 模式分为服务类和商品类。然而以上对 O2O 模式研究的分类较分散，且缺乏理论根据。孔栋等（2015）从 O2O 商业模式构成要素中归纳了供需信息匹配方式、产品或服务交付方式、业务分工形式三个纬度，在此基础上将 O2O 模式具体分为：供应展示、顾客上门的终结性模式，供应展示、商家上门的中介型模式，需求应答、商家上门的中介型模式，需求应答、顾客上门的中介型模式，供应展示、顾客上门的商城型模式，供应展示、商家上门的商城型模式，需求应答、商家上门的商城型模式，需求应答、顾客上门的商城型模式。Wang 等（2021）认为，不断出现的 O2O 交易模式主要可以分为线上支付与线下体验、线上支付与门店提货、线上营销与线下订货三种类型。金亮等（2017a，2017b，2022）、查晓宇等（2022）和黄鹤等（2022）认为，O2O 模式在不断创新发展中，可归为线上到线下和线下到线上两种形式，线上到线下指的是从线上购买然后再到线下门店去体验，而线下到线上主要指的是"线下体验店+线上购买"的形式，如苏宁的 O2O 模式。

二、"线上销售+线下商家" O2O 模式的研究综述

1. "线上销售+线下商家"运行机制

与传统的消费者在商家直接消费体验不同，O2O 模式中消费者的消费过程涉及线上和线下。线上平台型企业为消费者提供产品或服务的优惠信息、消费指南，并提供相应的预订和分享服务；而线下商家主要为消费者提供食、住、行、娱等生活体验类线下服务。根据消费者的实际消费流程 O2O 模式可以分为三个阶段（Zhou et al. , 2023；Bravo et al. , 2012）：

（1）线上平台引流。线上平台汇聚并发布大量商家的商品或服务的详细信

息、优惠等，方便消费者搜索、对比，成为线下消费决策的入口。如线上平台的点评信息、社交网站、团购网站等都可能成为O2O模式消费的引流入口，从而引发消费者的线下需求。

（2）实际消费。消费者利用线上平台获得的商家信息，到指定的商家享受服务，完成实际消费。

（3）信息反馈。消费者将自身在实体店铺的服务体验、消费信息在线上平台进行点评，帮助其他消费者做出消费决策。而线上平台可以根据消费者具体反馈的信息，完善平台的商家信息，通过消费者的反馈信息以吸引更多新的消费者使用该在线平台进行线下商家选择。

2. "线上销售+线下商家"的相关研究

由线上作为线下商家引流入口的"线上销售+线下商家"O2O模式在实业界的快速发展，这类O2O模式率先引起了学者们的关注，已有研究主要关注O2O模式未来发展方向以及其对消费者行为影响等方面。

（1）"线上销售+线下商家"O2O模式发展方向。O2O平台的发展中存在诚信难保证、商家资质存疑、创新能力不足等问题，王国顺和李晶鑫（2022）指出，O2O模式发展中存在网络平台对线下商家了解不全面的问题，网络平台应设置激励契约甄别合同判断线下商家的真实服务能力。针对O2O模式中线上线下渠道竞争和冲突的策略问题，Pei等（2020）通过研究发现制造商同时投资于零售商的销售努力和对本地广告进行支持是一种协调O2O分销的有效策略，并能实现制造商、零售商、供应链各方更高的利润。Pei等（2021）进一步提出一种创新的协调机制，以及制造商对线下消费者的返利和数量折扣组合机制，以减少渠道竞争，并帮助提高各方的利润。针对O2O模式中同质化竞争严重，缺乏有效盈利模式，未建立诚信体系等问题，高文田（2020）认为，O2O模式应该持续创新管理模式和服务内容，整合线上线下资源，连通各个环节，以便利业务经营，提高企业管理效率，拓宽收益渠道。魏锋（2020）和查晓宇等（2022）也认为，应充分整合线上线下的资源，实现一体化商业生态，调动各个部分的优势和积极性，提升企业运作效率，不断满足顾客需求并完善 O2O 模式。

（2）"线上销售+线下商家" O2O 模式对消费者行为的影响。在 O2O 模式的发展中，社交媒体是获得消费者体验、意见和偏好最便利的工具，利用社交 APP 的实时性和大数据能帮助企业更好地了解消费者（Kim et al.，2022）。然而，在 O2O 模式下，消费者的信任与体验、收益和风险仍然会对其购买意愿产生影响（王国顺和李晶鑫，2022；张应语等，2015），因此，以用户需求为中心，进行产品创新、体验改进等，以此提高用户满意度和忠诚度，成为商家、平台和用户共生的重要方式（李珈，2016）。Qiu 等（2022）指出，消费者对 O2O 平台售卖商品的质量存在不确定性，可以通过商家承担退货运费弥补消费者损失和设立展厅让消费者体验产品质量以减少不确定性等方式鼓励消费者购买商品。Hu 等（2023）通过研究线下到线上的推荐策略对主要通过线上和线下渠道销售可替代产品的零售商跨渠道整合的影响，发现线下到线上的推荐策略可以减少消费者对产品的不确定性，增加销量，进而提升线上和线下渠道的利润，并为分散组织的零售商创造了协同效应。郑本荣等（2022）提到在线评论是影响消费者购买和企业决策的关键因素，正向且有效性水平高的在线评论可以消除消费者不确定性并增加线上渠道的利润。刘向东等（2022）通过研究消费者行为，指出零售商和 O2O 平台提供的"商品展示""信息触达""履约交付"服务，都会让消费者对 O2O 模式的接受行为产生不同程度的影响。

三、"线下实体店+线上销售" O2O 模式的研究综述

"线下实体店+线上销售"型的 O2O 企业主要是通过开设线下实体店，展示所销售的产品并与线上零售相结合的形式。在体验经济时代，这类 O2O 模式的

线下功能主要是展示商品，并为消费者建立商品的直观感受、体验，还可为消费者提供商品的咨询服务以及售后等服务。与"线上销售+线下商家"的模式不同，线上网站和线下实体店都可作为消费者的入口。

1. "线下实体店+线上销售"的相关研究

近年来，学术界也开始探讨"线下实体店+线上销售"O2O模式对消费者购买行为、企业决策和收益的影响。例如，在零售业中从线上线下渠道的角度，黄鹤等（2022）深入研究了零售业在线上销售线下体验模式下，线上零售商的最优定价决策和最优企业社会责任投入，并分析了线上零售商的企业社会责任投入对制造商决策的影响。Kim等（2022）基于随机前沿分析和共同前沿分析，研究结果表明，采用O2O平台对小型网店来说是一种创新的竞争策略。王国顺和李金鑫（2022）在信息不对称的情况下，考虑逆向选择和道德风险，对O2O平台如何制定最优佣金决策进行了研究。另外，葛晨晨和朱建军（2023）以拥有线上和线下全渠道的零售商为研究对象，分析了在零售商存在竞争的情况下，异质性消费者多重交互行为对价格、退货行为和零售商收益的影响。在零售商同时拥有线上线下业务的情形下，Panja和Mondal（2023）用效用来反映消费者对商品替代品的选择行为，认为消费者在购物过程中产生的额外成本对渠道偏好有重要影响。Yang等（2021）研究了两个相互竞争的O2O供应链中在线零售商的定价和销售模式选择问题，每个供应链由一个制造商和一个在线零售商组成，考虑产品的溢出效应（线上销售会影响传统线下渠道的销售），结果表明，溢出效应总是降低销售价格，它在销售模式的选择中起到关键作用。Zhou等（2023）采用大众点评网的数据，建立了南京市酒店电子口碑指标体系，并基于消费价格和电子口碑得分对酒店中心位置层次进行了分析，进而研究了O2O电子商务对城市酒店业空间的影响。从线下体验对消费者影响的角度，金亮等（2022）分析了在不同权力结构下，退款保证和线下体验对消费者行为的影响。黄鹤等（2022）认为，提供线下体验服务的线上零售商对 CSR 投入可以吸引一些顾客在购买前进行线下体验，进而减少顾客对线上商品的不确定性，增加需求，从而优化供应链系统。金亮等（2022）构建了 O2O 系统存在信息不对称情况下消费者效用函数，认为线上零售商在特定条件下开设线下体验店可以扩大市场规模、减少退货量并增加消费者剩余。

2. "线下实体店+线上销售" 的 O2O 模式主要代表型企业

苏宁的 O2O 模式，苏宁易购从 2010 年正式上线，实体门店经营商品也逐渐多样化，综合服务区、虚拟产品展示区等，不论线上线下，消费者所面临的是同一个苏宁，购买同样的产品，享受同样的服务和价格，苏宁强调的是线上线下互动融合发展，类似的 O2O 模式还有国美电器、银泰百货、王府井百货。淘宝天猫商城入驻的家居商家，可以通过爱蜂潮家居体验馆展示其在天猫销售的产品，使消费者体验家居类商品的品质。京东商城与新加坡 iKonw 集团合作，该集团的线下实体店为消费者展示京东商城线上销售的产品，使消费者切身体验京东商城产品的品质。在旅游业，携程也实施 "旅游新零售" 门店模式，将自身的旅游产品和服务与传统渠道结合向线下渗透，开设携程线下体验店，游客除了在网上或手机上预订旅游产品，还可在体验店与服务人员进行面对面沟通、咨询和交流。

通过以上 O2O 模式文献分析可以看出，研究还存在以下两点不足：

（1）关于 "线上销售+线下商家" O2O 模式的研究较多，且多集中在其商业模式、未来发展方向等描述性研究，缺乏针对性和系统性；

（2）关于 "线下实体店+线上销售" O2O 模式的文献多集中在零售领域，且部分学者研究了线下取货、配送对相关利益主体决策的影响，但却较少涉及旅游业线上与线下相关利益主体之间契约、协调等问题。

第三节 互补性资源与合作的研究综述

互补性资源是企业间建立合作的关键因素，目前国内外关于互补性资源的研究多是基于合作关系来分析的，因此，结合本书的研究内容对互补性资源对合作绩效和合作风险的影响以及合作中互补性资源决策的研究进行了整合和归纳。

一、互补性资源与合作绩效

现有研究普遍认为互补性资源对企业合作绩效的影响主要包括以下三个方面：

1. 增加合作机会

为了满足企业对稀缺资源的要求，需要与互补性资源的企业建立合作关系，降低企业成本（Cobeña et al.，2017；Powell et al.，1996）。张化尧等（2018）认为，联盟企业间资源较高程度的相互依赖是形成战略联盟的一个必要条件，使战略联盟增加合法性。Stuart（2000）指出，在建立合作创新过程中，企业自身的资源对创新伙伴的选择以及创新联盟的形成起到关键作用。新兴企业也会优先选择与自身资源互补程度较高的企业建立合作关系，以发展壮大新兴企业（Cobeña et al.，2017；Teece and Pisano，1997）。Hitt 等（2001）通过比较企业资源特性认为，具有伙伴互补性资源的企业比具有伙伴相似型资源的企业，更利于企业合作，产生合作效应。同样地，刘和东和陈文潇（2020）也认为，资源互补度是企业选择联盟伙伴的重要指标，且是联盟形成关系性契约或长期联盟伙伴的重要因素。资源互补促进联盟的形成和发展，两个具有高度相似性资源的企业合作，远不如两个具有资源差异的企业合作产生的绩效好（Hitt et al.，2001）。

2. 降低外部风险

随着经济全球化和科学技术的发展，市场竞争越来越激烈，外部不确定性加剧，企业很少能够通过自身内部解决其对资源的需要。因此，对于处在高度不确定环境中的联盟来说，企业间的资源互补对应对外部不确定性更为重要。Veer 等（2022）研究表明，企业通常与拥有其资源互补的企业建立合作关系，降低市场环境的动态性，以降低创新风险。通过获取合作伙伴的互补性资源，企业能正确认识市场环境的变化，减少或降低创新的不确定性，提升面对复杂动态外部环境变化的适应能力。马文聪等（2018）认为，互补性资源可以加强合作双方对彼此的依赖性，维持长期稳定的合作关系，提高合作绩效。魏翔（2015）通过对我国海外并购研究发现，资源相似性和资源互补性均能够降低并购整合风险。王丽平和何亚蓉（2016）指出，互补性资源通过交互能力中介，可以让企业在获取利润时调节并缓和合作双方之间的关系，从而保证合作网络能够长时间不产生动荡，降低合作风险，提高合作绩效。

3. 实现资源增值

Lavie 和 Rosenkopf（2006）认为，合作创新网络中互补性资源的存在，是企业乃至整个创新网络提升绩效的关键。企业网络中的互补性资源能扩大规模经济，产生新的资源、知识和技能（Cobeña et al.，2017），对创新主体自身的突破具有推动作用（Zhao et al.，2021），进而提升合作绩效。企业在通过外部网络获得所需的互补性资源时，不仅能够弥补自身在知识、能力上的缺陷，还可以在新资源的整合、配置过程中，继续创造出对企业自身有用的资源、知识和能力，节约市场开拓的成本。另外，Zhao 等（2021）也进一步证实资源互补不仅能引导战略联盟进行创新，而且能产生较高的财务绩效。伴随合作双方彼此依赖程度增加，加深了互补性资源协同演化效应，战略联盟创造利润的能力提高（钟榴等，2020）。Jin 和 Wang（2021）指出，在新兴市场，跨国企业利用国际合资企业来获取和整合合作伙伴的互补性资源，提高竞争定位，互补性资源可以促进相互学习和协同创造，还可以正向影响合资企业绩效。在共创商业模式中，核心互补资源的投入能使彼此成为良好的合作伙伴（Dahan et al.，2010），产生更多的经济收益（Harrison et al.，1991）。

二、互补性资源与合作风险

互补性资源能有效降低联盟企业间的机会主义行为。当企业间资源互补性高时，联盟内部实现了高度的资源整合，一方的投入成为另一方的产出，双方之间的关系成为互惠型依赖（Zhao et al.，2021）。当一方的资源成为另一方的互补性资源时，双方的资源、能力、知识差异较大，造成在合作过程中双方分工不同，企业间的关系表现为互补关系，而不是竞争关系，因此，互补关系降低了合作企业实施机会主义的可能性（Hawley，1986；Rowley et al.，2005）。董广茂等（2006）利用动态博弈的方法发现，通过联盟成员的资源互补性与互补型和非互补型两类学习能力之间的关系所具有的承诺作用，可以有效降低联盟内企业之间的机会主义行为。

有些学者却提出了相反的意见。Dussauge 等（2000）在研究中发现，以互补性资源形成的合作伙伴之间学习行为更加频繁，导致合作关系不稳定，这意味着合作双方在合作中可能会感知到更多类型或更高水平的合作风险。李世清和龙勇（2010）指出，当伙伴投入不同类型的互补性资源时，相互间转移、侵占对方资源的意识和动机更为明显和强烈，以期直接弥补自身不足。双方资源的相似性过低，会导致管理和组织上复杂性与差异性而产生冲突（Zhao et al.，2021）。另外，互补性资源之间的不相关，加大了企业的监督与控制难度，信息不对称的增加会加大企业在合作中实施机会主义行为的动机（Zhao et al.，2021）。例如，在跨国公司与非政府组织合作共创商业模式中，跨国公司的 R&D 技术、战略计划等互补性资源的投入，可能使非政府组织或非政府组织的合作伙伴成为市场上强有力的竞争者（Dahan et al.，2010）。Velu（2014）认为，随着企业商业模式创新程度的提高，协调第三方联盟互补性资源的成本会增加。钟榴等（2020）也认为，联盟中的互补性资源的增加，会导致合作双方产生资源的协调成本。

三、互补性资源共享决策

在合作中直接研究互补性资源决策研究的文献较少，在此，对与之相似的企业合作进行新产品研发和知识创造等方面的资源投入或共享决策的研究进行回顾与分析。孙红侠和李仕明（2005）在 Amaldoss 的混合战略模型基础上引入了监督成本，分析利益分配形式对联盟成员资源投入策略的影响。Samaddar 和 Kadiyala（2006）在知识创造的基础上，对知识投入决策进行研究。杨瑾等（2006）在 Samaddar 和 Kadiyala 研究的基础上进行了拓展，将之用于合作成员的资源投入决策。但这两篇文献均未考虑资源共享及溢出效应的风险性，Ding 和 Huang（2010）弥补了此方面的不足，研究了在存在溢出效应的情况下，内部组织知识共享以及知识努力投入决策的变化情况。熊榆等（2013）、孙佳和原毅军（2015）在 Ding 和 Huang 研究的基础上将单资源投入或共享扩展为不同类资源投入或共享。虽然以上文献均未区分资金与知识之间的性质，但在研究结果中，得出资金与知识、努力与知识、知识与知识之间是替代关系。根据资源依赖理论，获得嵌于合作者企业内的专用性互补资源是企业建立合作关系的重要原因之一（Sinha and Cusumano，1991）。杨晓花等（2008）考虑了资源的依赖关系——互补性对 R&D 技术改进量的影响，并求出纳什均衡下的资源投入决策，但忽略了互补性资源投入的效率损失。

根据前文的分析可以看出，互补性资源的投入或共享对合作绩效和合作风险均会产生影响，而大多的资源投入或共享文献中，均未考虑资源之间的性质——互补或替代。因而本书第四章考虑 TA 与 OTA 共创 O2O 模式中共享资源的互补性，在收益与风险共同作用下，开展双方互补性资源共享的策略研究。

第四节　旅游企业与 OTA 合作研究综述

为了研究 TA 与 OTA 共创 O2O 模式的合作策略，本节主要对 TA 与 OTA 相关合作研究进行了回顾与分析。考虑直接研究 TA 与 OTA 合作的文献较少，为了有效开展 TA 与 OTA 的合作策略研究，对相关的旅游企业与 OTA 合作模式以及相关研究现状进行综述。

一、旅游企业与 OTA 的合作模式

实践中，旅游企业与 OTA 之间的合作模式主要有两种：委托代理模式和净价模式，具体详细分析如下：

1. 委托代理模式

委托代理模式在旅游企业与 OTA 合作中比较常见，也是目前 OTA 最主要的收益模式。委托代理模式简而言之就是在游客与旅游产品中间扮演代理商的角色，在交易中通过抽取佣金赚钱。委托代理模式的付费可以通过两种形式：一种是游客通过 OTA 预订到线下酒店或景点、航空公司进行实际支付，或通过 OTA

的支付平台在线支付给旅游企业，然后旅游企业再支付给 OTA 佣金［见图 2-1（a）］；另一种是游客支付给 OTA，然后 OTA 再将除佣金外的收益支付给旅游企业［见图 2-1（b）］。委托代理模式已成为国内比较有代表性的携程网、艺龙等 OTA 与旅游企业合作的主要模式。另外，学术界也常采用委托代理模式研究旅游企业与 OTA 之间的合作、收益管理等问题（Wang et al.，2021；Ma et al.，2021；Liu et al.，2021；Zhu et al.，2023；张巧可等，2023）。

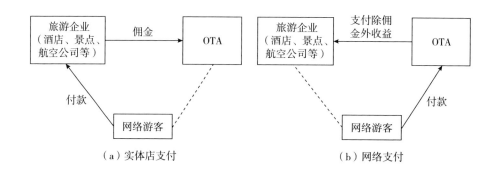

图 2-1　委托代理模式

2. 净价模式

旅游产品与 OTA 的净价模式是以固定的配额和价格获取相关旅游产品如酒店、机票等，净价模式是旅游产品分销的一种定价模式。一般旅游公司以较低的批发价将旅游产品提供给 OTA 销售，OTA 再通过最大化自身收益重新对旅游产品进行定价，并将其出售给线上的游客（Li et al.，2021；Ma et al.，2021；Qiu et al.，2022）（见图 2-2）。在这种净价模式中，OTA 获得收益的方式是赚取旅游产品售价与批发价之间的差价，单笔营收通常比较高。这种模式最大的特点是 OTA 之间会有明显的价格差，越有议价能力的 OTA 会越有更多的机会获得较低的批发价从而获得较高的收益。净价模式也被学术界用来研究 OTA 与旅游公司合作经营旅行套餐（及旅游产品捆绑销售）的问题（Li et al.，2022）。

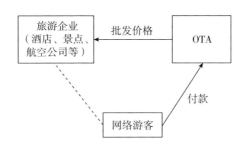

图 2-2　净价模式

二、旅游企业与 OTA 合作研究综述

随着旅游电子商务的快速发展，在线渠道在旅游与服务业发挥着重要作用，酒店、机票、景点等销售服务逐渐扩展到网上。Ma（2009）在分析旅游业中电子协作时指出，电子协作能够创造价值、提高市场竞争力、促进沟通、降低库存并减少文化冲突。虽然旅游企业自身的官方网站预订可以帮助其增加市场占有率和收益，但旅游企业仍需与第三方网站合作，以促进其长远发展。梁赛等（2021）指出，游客在出游前会在网络平台搜索大量的信息来减少自己对旅游产品的不确定性，这些信息会对游客的预订、购买决策及旅行途中的体验感和满意度产生直接影响，他还指出一些非连锁酒店 70%~80% 的业务都通过与 OTA 平台的合作中获得。张巧可等（2023）指出，酒店通过加强与 OTA 的合作可以增加销售量。另外，Toh 等（2011a）通过调查 249 名休闲游客，发现 80% 的游客利用网络搜索酒店的信息，有超过一半的游客使用酒店官网或者第三方网站（如 OTA）进行酒店预订。Yoon 等（2006）研究了韩国电子商务对航空分销的影响，指出由于一些个体服务公司规模小，消费者可能对其不感兴趣，并指出航空公司

应多关注与第三方网站的合作。张辰和田琼（2019）通过研究航空公司的渠道选择和定价决策问题，发现在所有旅客中忠诚旅客的比例越小，航空公司越倾向于与OTA合作。Wan等（2020）在需求不确定的条件下，评价了供应链成员利他偏好和消费者低碳偏好对决策行为的影响，并指出酒店和OTA具有利他偏好情况下，OTA平台模式比商家模式利润更高。

在与第三方网站合作中，旅游企业应重点关注与OTA的合作，因为与OTA合作可以增加酒店的竞争优势，如吸引更多的客户、扩大市场规模、支付便捷等（Guo et al.，2013）。游客在OTA的网站上可以通过"一站式"购买预订相关的旅游产品和服务，相比旅游企业官网的价格来说，这些旅游产品和服务比较便宜（Lee et al.，2013；张辰和田琼，2019）。同时，OTA利用云计算、人工智能等先进技术收集和分析类似于消费习惯、支付偏好的消费终端数据，准确识别游客的旅游偏好，完成满足游客旅游习惯的旅游方案的准确、个性化推荐（Ma et al.，2021）。而OTA在为旅游企业开拓在线渠道的同时，也为旅游企业带来威胁。Sharma和Nicolau（2019）指出，酒店和OTA在争夺在线预订渠道的控制权时，酒店和OTA是竞争对手而非合作者的身份，占优势地位的OTA会以损害酒店的权益为代价使自己获得最大化利益。周世平（2020）指出，OTA低价销售行为会导致酒店线上销售渠道与其他销售渠道发生价格竞争，损害酒店利益。Cazaubiel等（2020）利用奥斯陆一家大型连锁酒店（2013~2016年）的详尽预订数据库，估计了一个嵌套的Logit需求模型，评估不同在线分销渠道之间的替代程度，结论表明对于每个在线分销渠道，需求的自身价格弹性相对较大，并且消费者对价格更敏感。张巧可等（2023）认为，酒店过度依赖于OTA会使佣金率上调，并且经营直销渠道成本增加，对酒店不利。

考虑到OTA在旅游企业在线营销的重要作用，诸多学者研究了旅游企业与OTA合作开通在线渠道具体策略，如超售策略（Dong and Ling，2015；Suzuki，2006）、定价策略（王欣等，2020；易文桃等，2020；刘益等，2021；张巧可等，

2023）、佣金决策（张巧可等，2023）、合作模式决策（Wan et al.，2020；王欣等，2020；童阳，2021；曾庆成等，2021）等。Dong 和 Ling（2015）在酒店与OTA 合作的基础上，从酒店的服务能力和顾客下单后却被酒店拒绝的概率两个角度分析酒店的超售策略。王欣等（2020）、易文桃等（2020）和刘益等（2021）研究了旅游企业和 OTA 合作时的定价策略问题。其中，定价不仅是酒店用来管理收益的重要战略杠杆（Kimes and Chase，1998），也是加强和建立合作的重要工具。张巧可等（2023）不仅研究了酒店的最优定价策略问题，还研究了酒店与OTA 合作的最优佣金率决策问题。Wan 等（2020）、王欣等（2020）、童阳（2021）和曾庆成等（2021）研究了旅游企业和 OTA 在不同合作模式下的决策问题，并指出了在什么情况下旅游企业应选择什么样的合作模式才是最优的。

虽然 OTA 能够为旅游企业带来利益，但双方对价格的控制、相似的客源会导致 OTA 与旅游企业自营渠道的冲突（Myung et al.，2009；周世平，2020）。另外，由于 OTA 旅游产品和服务的多样性、便捷性、低价等导致顾客更愿意再次浏览 OTA，而非旅游企业官网（Morosan and Jeong，2008）。鉴于以上旅游企业与 OTA 合作的弊端，学者们从旅游产品价格、选择合作伙伴等方面给出建议，如应尽量维持各渠道价格的一致性以及官方网站的旅游产品充足（Gazzoli et al.，2008）。Lee 等（2013）通过分析 Choice 酒店与 Expedia 的冲突，认为酒店为了减少对一个或少数几个 OTA 的依赖性，应与多个 OTA 建立合作关系，另外，酒店之间应建立合作以共享 OTA 的相关信息，共同对抗越来越强势的 OTA。张辰和田琼（2019）指出，如果航空公司有很大的顾客忠诚度或者 OTA 平台有很强的竞争力时，航空公司为了保持自身的竞争优势，不愿与 OTA 平台合作开通在线分销渠道。时萍萍和龙勇（2018）设计了 OTA 分担旅游企业服务成本的协调机制，以改善旅游企业与 OTA 的合作效率。谭春桥等（2021）指出，OTA 和旅游企业可以通过合作促销来促进需求，并通过谈判能力来决定促销成本的分担比例，且在共同承担促销成本情况下，旅游企业分担比例越大，供应链越协调。综上所述，现有相关文献研究还存在以下三点不足：

（1）文献多集中在关于酒店、航空等旅游企业与 OTA 之间的合作研究，而鲜有文献研究 TA 与 OTA 合作问题。

（2）在研究酒店、航空等旅游企业与 OTA 之间合作问题时，重点讨论了 OTA 作为在线分销渠道的重要作用，而鲜有文献分析旅游企业在 OTA 的经营发展中的作用，以及 OTA 如何利用旅游企业资源开展合作的问题。

（3）较多研究采用了委托代理模式研究旅游企业与 OTA 之间的客房分配、收益管理等问题，却忽视了委托代理中的道德风险和逆向选择，以及在长期、动态的销售合作中如何协调双方收益的问题。

相比客房和机票等旅游产品，面对面咨询、建议等线下服务对游客购买度假类旅游产品的决策较为重要。因此，与以往酒店、航空与 OTA 的合作研究不同，本书第五章至第七章将同时考虑"线上销售""线下服务"对旅游市场需求或合作绩效的影响，探讨双方的合作、契约策略，以发挥互补性资源的优势减弱竞争，为双方具体实施 O2O 模式过程提供建议和参考。

本章小结

根据前面对 O2O 模式相关研究的回顾与梳理，可见目前关于 O2O 模式的研究仍然存在很大的空白，特别是关于"线下体验店+线上销售" O2O 模式线上、线下利益主体的契约、协调研究方面。总体而言，现有关于 O2O 模式的研究在深入性与系统性方面还有所欠缺，通过对互补性资源与合作以及相关旅游企业与 OTA 合作文献的分析，引出本书的具体思路，主要涉及 TA 与 OTA 通过互补性资源共享共创 O2O 模式，以及双方如何建立合作、设定契约等方面。

第三章　旅行社的资源优势与共创O2O模式的合作方式

本章首先对旅行社共创O2O模式的动因和优势进行简要概述，并对比TA和OTA原有的模式，总结双方共创O2O模式的特点；其次对双方的资源以及优势进行分析，在发挥资源优势的前提下，从委托代理授权的视角，提出TA与OTA的三种合作方式，以实现O2O模式线上销售与线下服务的融合。

第一节　旅行社共创O2O模式的动因、特点及优势

一、旅行社共创O2O模式的动因分析

1. 外部因素

（1）互联网与信息技术的发展。互联网与信息技术的发展为传统旅行社业

带来了机会和挑战。OTA度假业务的发展壮大，使TA赖以生存的团队游遭到冲击，团队游逐渐向散客、自由行转变，给TA带来了巨大的运营压力。Brunger（2010）指出，与在TA购买旅游产品相比，游客通过在线方式购买更能享受低价。OTA的价格优势，使对价格敏感的游客成为OTA的潜在顾客（Shi et al.，2022）。在线旅游的普及，使游客能更方便地获得丰富的旅游产品和信息，通过在线方式购买也成为游客普遍采用的方式，这些都为TA的信息化发展带来挑战。另外，OTA的出现，使游客出行时的机票、酒店、交通等服务的信息更加透明，竞争力更强，旅游供应商对TA的依赖性降低。Law等（2004）提出，在互联网与信息技术快速发展的影响下，如果TA加强了为游客提供出行建议的能力，那么TA在旅游产业链的地位是安全的，而如果TA仅仅起"预订代理"的作用，那么OTA将为TA带来较大竞争压力。因此，在互联网的冲击下，TA发展O2O模式开拓线上市场，成为其应对旅游信息化的重要方式。

（2）在线旅游竞争激烈。在线旅游市场的成熟与旅游产品的同质化导致OTA之间的在线竞争越来越激烈，早期以价格战获取市场份额的方式，已不能成为其竞争市场的有效手段。经济的发展与社会进步，使游客的需求变得多样化和个性化，游客也从价格敏感转变过渡为价值敏感型，差异化的产品与服务比低价更能体现游客价值。为了保持在线旅游市场的优势地位并提升游客价值，OTA采取差异化的服务策略发展O2O模式开拓线下市场，已成为其应对在线旅游激烈竞争的重要举措。

2. 内部因素

（1）TA自身的局限。当TA规模较小时，其官方网站不能吸引足够多的线上游客，有的TA甚至没有官方网站。另外，一些大型旅行社为追求新的盈利点在发展其自身线上旅游产品过程中，因受限于体制、技术、影响力和人力资源投入等因素也较难实现盈利（姚延波等，2014），如中青旅旗下的遨游网（http：//www.aoyou.com）、香港中旅旗下的芒果网（http：//www.mangocity.com）连续八年未盈利。而多年在线销售旅游产品的经验，使 OTA 平台安全、简单易用，形成了自身的品牌形象，具有超高的在线流量。在这种背景下，与 OTA 合作成为 TA 在线营销的主要策略。

（2）OTA 在线旅游市场的重要地位。OTA 的以下优点决定了 OTA 在包价游购买中的重要地位。首先，OTA 较早涉足旅游产品的线上销售，拥有较大顾客黏性，掌握线上市场旅游产品的销售经验和专业技能及知识（Huang，2006；Shi et al.，2022），能为游客提供人性化、简单化、安全的网络购物环境。其次，OTA 聚集了不同价格、不同品牌 TA 的相关产品信息和服务，游客通过 OTA 可以随时随地检索出与旅游出行相关信息，并对比包价游的价格、服务，了解旅游产品的最新优惠策略，从而选出最合适的包价游出行。因此，TA 与 OTA 建立合作关系成为 TA 拓宽市场、提高网络竞争优势的重要举措。

（3）TA 门店的服务优势。OTA 可利用 TA 的门店为包价游产品提供落地服务，实施服务差异化战略。在线旅游产品同质化导致 OTA 之间的竞争越来越激烈，为了保持和提高在线旅游市场的优势地位，OTA 可利用 TA 的线下资源提供差异化服务。TA 从最初发展是通过建立实体店进行旅游产品的销售，实体店遍布多个城市，能为游客提供有保证的服务，如面对面的交流咨询、旅游过程中的导游服务以及售后等各种服务。由于经济的快速发展和信息技术的创新，游客的需求越来越多元化，OTA 不能仅仅依靠降价来吸引游客，而应将降价转移到服务差异化的策略上。通过收集和组织信息，线下渠道可以提供现场体验、个人和专业化的出行建议，以持续满足游客的需求（Shi and Hu，2021；Kim et al.，2007；Walle，1996）。Bitner 和 Booms（1982）认为，尽管在线预订存在，线下渠道在旅游供应链中扮演着关键的角色。然而，受限于资本、人力等资源，OTA 很难开通线下实体店。例如，悠哉（http：//www.uzai.com）关闭其线下门店，而与众信形成战略联盟。

Law 等（2004）指出，游客出行既需要旅行社专业建议和服务，也希望在网络上能获取更多的信息，未来传统渠道与网络电子渠道将共存。因此，TA 与 OTA 融合线上线下，形成合作竞合共生关系，成为信息时代发展的必然结果。

二、旅行社共创 O2O 模式的特点

与 TA 和 OTA 现有的运营模式相比，O2O 模式的特点主要体现在以下两个方面：

（1）与 OTA 单独的运营模式相比，旅行社共创的 O2O 模式以游客为中心，凸显售前体验服务（营销、形象展示、顾问咨询）。

旅行社共创的 O2O 模式使线上便捷与实体咨询体验结合在一起，满足了游客全方位、多层次的购买需求。虽然与实物型产品不同，旅游产品具有无形性、生产与消费的同时性、不可移动性等特征，但游客在购买度假游产品时，实体店的销售建议、实际体验对游客来说同样重要。在旅行社共创的 O2O 模式中，游客可在 TA 实体店与销售人员沟通咨询，并在旅游体验区体验旅游产品，详细了解旅游产品的全部信息，使游客在购买时享受专业的售前服务。

（2）与 TA 单独的运营模式相比，旅行社共创的 O2O 模式依托互联网、大数据，凸显数据化运营特色。

TA 与 OTA 合作共创的 O2O 模式，主要体现在以下两个优势：一是可依靠 OTA 收集游客的消费轨迹、交易数据等信息，运用大数据分析技术，根据游客不同的消费心理和行为特征，创新旅游产品，实现对不同游客的精准营销；二是依托信息技术，进行旅游市场需求预测，对 TA 和 OTA 度假游旅游产品进行合理库存和销售管理，实现最优的数据化运营。

三、旅行社共创 O2O 模式的优势分析

与 TA 或 OTA 独自发展 O2O 模式相比，共创的 O2O 模式本质并无较大变化。但双方合作共创 O2O 模式具有以下两方面优势：

1. 减弱竞争，实现合力共赢的局面

信息技术和互联网的发展，使在线旅游迅速扩张，我国以携程、艺龙、途牛等为代表的 OTA 规模不断壮大，从而给 TA 带来前所未有的压力，旅游业的蓬勃发展使 TA 与 OTA 之间的竞争愈演愈烈。TA 与 OTA 合作共创 O2O 模式不仅能满足游客多层次、全方位的购买需求，也避免了 TA 与 OTA 之间的恶性竞争，实现整体合力共赢的局面，进一步实现旅行社业的长久繁荣。

2. 发挥双方线上线下资源优势，减少成本和风险

旅行社共创 O2O 模式中需要线上和线下融合互动，早期以销售酒店、机票、景点等发展起来的 OTA 已聚集了一定规模的在线市场、网络运行技术等资源和能力，相比 TA 自建网站更具知名度，更安全、便捷。TA 拥有多年线下运营的资源与经验，如多家连锁门店、专业的销售团队、导游以及成熟的度假游线路等，相比 OTA 自建门店可节约运营成本。TA 与 OTA 经过多年的积累和发展，已经在旅游市场形成了特定的品牌，有特定的市场、消费群体等，双方合作能使 TA 与 OTA 之间资源信息互动传播，共享双方的市场基础，扩大现有的旅游消费群体，克服和降低发展 O2O 模式的市场不确定性，有效减少各种不确定带来的风险。

第二节　旅行社资源优势与 O2O 模式的实现

一、旅行社核心资源与优势

1. TA 核心资源与线下服务优势

对 TA 来说，其拥有多家门店、旅游线路、销售人员等资源，具备为旅游产品提供差异化线下服务的优势。具体来说，TA 线下服务（此时的线下服务特指在实体门店可享受到的服务，并不包括游客到旅游目的地所享受的服务）优势体现在以下三个方面：

（1）提供面对面的旅游咨询、建议等服务。虽然与实物型产品不同，旅游产品具有无形性、生产与消费的同时性、不可移动性等特征，但游客在购买度假游产品时，旅行社实体店销售人员专业的出行建议、面对面沟通交流咨询，深入了解旅游产品的出行、套餐内容等信息对游客非常重要。TA 可利用遍布全国的门店网络和多年线下销售度假旅游产品的经验，利用专业的旅游销售人员，凭借与游客的交流与灵活判断，为游客针对性提供详细的产品信息介绍，使游客在购买时已充分了解旅游产品的详细信息，提升游客购买时的满意度。

（2）旅游门店有形展示与体验。旅游门店是游客购买决策前与旅行社接触的主要渠道，旅游产品的无形性决定了游客在出游前往往对旅游产品持有较多的疑虑。旅游门店通过图片、视频等尽可能对旅游产品进行有形展示，提升游客出行前对旅游产品的认知。

随着互联网与信息技术的发展，AR、VR 等技术也渗透到旅游业中。游客可在实体店利用 AR、VR 体验相关的旅游产品，得到与真实世界的相同感官体验。通过实际的感知感受，提前让游客实际感受旅游中的体验，从而决定是否购买该旅游产品，更加体现游客参与、互动，提升出行前的游客体验。

（3）售后、投诉服务。门店的售后、投诉服务是指游客结束旅行后，旅行社继续向参加旅游活动的游客提供的后续服务，解决游客在旅游体验活动中遇到的问题。TA 的门店资源使得游客投诉有门，旅行社与投诉游客进行近距离的沟通交流，认真分析并反思投诉产生的原因，实时、主动、妥善处理旅游投诉，努力消除游客的不满，保障游客权益得以实现。

2. OTA 核心资源与线上销售优势

经过多年在线销售旅游产品，OTA 具有销售旅游产品的技术、品牌、网络运营管理等资源，使 OTA 具备线上销售的优势，为旅游产品的线上交易和开拓市场提供保障，具体来说，OTA 线上销售优势体现在以下三个方面：

（1）线上推广、宣传与促销。经过多年线上销售旅游产品的发展，OTA 的网站已经具备了安全、可靠、便捷的购物环境，聚集了大量的游客群体。OTA 的诞生突破了传统旅游产品地域的限制，实现跨区域的促销宣传与旅游产品的网络预订。利用丰富的图片、视频发布旅游产品的详细信息，从而让游客更加深刻地了解旅游产品和服务；设置包含旅游产品名称的搜索排名，宣传并推广该旅游产品；利用低价返现等价格策略实施旅游产品促销等。

（2）大数据实现精准营销。根据游客的行为轨迹（消费轨迹、交易数据、网页浏览、评论内容）等信息，运用大数据分析技术深入分析，提取有效的游客信息，进行深度的数据挖掘，预测和理解游客的不同需求。根据游客不同的消费心理和行为特征，对旅游产品进行创新，为游客提供准确营销服务。

（3）最大限度细分市场。旅游市场细分是对不同顾客，按需求的差异性与相似性进行非常接近客观事实的分类。OTA 可以最大限度细分市场，按照游客的个性、特点、需求等进行定制营销，以满足不同游客的需求。在游客需求越来越多样化与个性化的时代，细分市场，掌握游客需求，使营销更具针对性。

二、旅行社共创 O2O 模式的合作方式

根据 O2O 模式的概念，线上销售与线下服务是其 O2O 模式实现的本质。通过上文分析可见，OTA 的核心资源使其具备了线上销售的优势，TA 的核心资源使其具备了线下服务的优势，因此，TA 与 OTA 的核心资源是 O2O 模式实现的基础，双方采用销售合作或服务合作的策略，既可以发挥双方核心资源的优势，又能实现 O2O 模式线上销售与线下服务的融合。

根据委托代理授权方向不同，TA 与 OTA 可以通过以下三种合作方式，实现共创 O2O 模式：

1. 同时建立线上销售与线下服务合作共创 O2O 模式

这种合作方式是指 TA 借助 OTA 线上销售的资源与能力与其建立销售合作关系，委托其在线上销售旅游产品，开拓其线上市场，此时 TA 作为委托人，OTA 作为代理人；同时，OTA 也借助 TA 线下服务的资源与能力与其建立服务合作关系，委托 TA 为其提供线下服务，采取服务差异化策略，提升游客价值，此时 OTA 作为委托人，TA 作为代理人，双方的合作是一种双向委托关系，充分发挥资源优势，实现双方的 O2O 模式。

采用同时建立线上销售与线下服务合作方式共创 O2O 模式的实例：去哪儿网+携程网+重庆海外旅业。

旅游百事通是拥有线下 5000 家门店和超 100 万条周边、国内、出境游线路的全国百强旅行社。悠程国旅成立于 2013 年，主营国内旅游组团业务，入境旅

游接待服务，并开展包机、包船和组织专项旅游产品销售。旅游百事通与悠程国旅同属重庆海外旅业的旅行社品牌。去哪儿网作为中国领先的旅游搜索平台之一，可实时搜索约 9000 家旅游代理商网站，搜索范围覆盖全球范围内超过 28 万条国内及国际航线、约 103 万家酒店①。携程网为全球市值第三的在线旅行服务公司，国内市值最大的旅游服务公司，并于 2015 年 10 月与去哪儿网合并②。

（1）去哪儿网+旅游百事通。去哪儿网对旅游百事通进行了首次资本投资，构建全面战略合作关系，形成集线上线下为一体的 O2O 模式旅游平台。

去哪儿网投资后，双方进行了三个整合动作：①对接双方自由行、跟团游等度假型旅游产品库，进行统一管理；②依托去哪儿网多年的网络平台运行经验，旅游百事通在线商城、移动商城、张旅通等采用去哪儿网进行收银管理；③双方共建并共同努力经营"去哪儿网与旅游百事通联合旗舰店"，依靠旅游百事通线下实体店的优势提供销售中的咨询服务，依靠去哪儿网安全、简化的购买平台为游客提供便捷。

（2）携程网+旅游百事通。在携程网与去哪儿合并后，携程网与旅游百事通正式签署《战略投资合作协议》，将携程网的优质产品通过门店以及旅游顾问渗透到我国二、三线城市旅游市场。携程网投资旅游百事通，双方在产品库建设、资源采购、销售渠道、旅游顾问建设等方面展开全面合作，真正实现线上销售线下实体店相互融合、创新，为我国游客提供更优质的产品和服务。另外，重庆海外旅业将旅游百事通与携程网合作形成的双品牌店定位为高端市场。

（3）去哪儿网+悠程国旅。重庆海外旅业将悠程国旅与去哪儿网形成的双品牌实体门店"悠程去哪儿"定位中低端市场，新品牌实体门店可共享 5000 家旅游供应商、100000 条全品类产品支持，还可共享去哪儿、携程全品类产品库及

①　去哪儿网官网：http://www.qunar.com/site/zh/Qunar.in.China_1.2.shtml.
②　经济参考报．去哪儿网携程合并催生 OTA 巨无霸　在线旅游市场细分领域角逐开启［EB/OL］．［2015-11-03］．http://dz.jjckb.cn/www/pages/webpage2009/html/2015-11/03/content_11718.htm.

机票、酒店、跟团游、自由行、景区、租车等系列旅游产品。实体门店主要开设在三、四线城市，解答游客预订疑问，提供全新的专属服务体验，方便游客线上搜索预订、线下面对面咨询，实现线上+线下并行，并结合双方优势抢攻市场，扩大渠道以及市场影响力。

2. 建立线下服务合作共创 O2O 模式

这种合作方式下 OTA 委托 TA 为其旅游产品提供线下咨询、展示以及投诉等服务，是指 OTA 借助 TA 线下服务的资源与能力与其建立服务合作关系，结合自身的宣传、促销和推广等的线上销售优势，从而实现 OTA 线上销售与线下服务的融合，形成共创 O2O 模式。

采用建立服务合作共创 O2O 模式的实例：驴妈妈旅游网+当地旅行社。

驴妈妈是我国知名综合性旅游网站、自助游领军品牌、我国景区门票在线预订的开创者，提供景区门票、度假酒店、周边游、国内游等预订服务。驴妈妈旅游网在前期部署 O2O 战略，通过与当地具有较高口碑及旅游资源、运营实力较强的一线旅行社合作并控股的方式扩展线下门店，将传统旅游线下运营和网络营销有机结合，线上线下相互引流游客，既可使游客享受网络购物的便利，也可在线下门店享受面对面咨询、建议等服务。目前，通过这种形式，驴妈妈店已在西宁、乌鲁木齐、昆明、重庆、延边等全国 110 个城市开设线下门店达 1000 多家。

3. 建立线上销售合作共创 O2O 模式

这种合作方式是 TA 委托 OTA 对其旅游产品进行线上宣传、推广、销售等的单向委托关系，是指 TA 借助 OTA 线上销售的资源与能力与其建立销售合作关系，结合自身线下门店的面对面咨询、体验等服务，从而实现 TA 线上销售与线下服务的融合，形成共创 O2O 模式。

采用建立销售合作共创 O2O 模式的实例：众信旅游+悠哉网。

众信旅游拥有深厚的旅游产品资源和行业运营经验，建立了覆盖全国的旅行社代理商网络，以及基本覆盖北京市的门店网络。悠哉网成立于 2004 年，是中国第一家专注于旅游度假产品的网站，拥有丰富的线上旅游产品运营经验和成熟完善的电商系统，以及线上零售品牌 Uzai.com。

众信在与悠哉的战略合作中，向悠哉网提供不超过 6000 万元的委托贷款，贷款期限四年，贷款年利率为 6.2%，获得悠哉网 15% 的股份，双方初步进行线上线下融合的尝试。在众信投资悠哉网后，众信旅游零售产品业务正式由众信旅游网迁至众信旅游悠哉网，全新上线的众信旅游悠哉网新增的十三大功能板块将为客户提供更为便捷与全面的出境游及各类出境产品及服务。与此同时关闭了众信旅游的零售网站，以减少运营成本。

本章小结

本章分析了旅行社共创 O2O 模式的动因、特点与优势，并对双方核心资源与优势进行分析，明确了双方互补性资源是实现共创 O2O 模式的基础，并指出双方实现共创 O2O 模式的三种合作方式。本章后续对互补性资源共享决策以及不同合作方式下 TA 与 OTA 共创 O2O 模式的合作条件、契约策略等进行的研究，起着相当重要的作用。

第四章 旅行社共创 O2O 模式的互补性资源共享决策

第一节 引 言

在共创的 O2O 模式中，TA 与 OTA 核心互补资源的共享能使彼此成为良好的合作伙伴，降低市场环境的动态性和创新风险，产生更多的经济收益（Jin and Wang，2021；Dahan et al.，2010；Veer et al.，2022；Harrison et al.，1991）。但双方资源的相似性过低，会导致管理和组织上的复杂性与差异性（Zhao et al.，2021），同时 Velu（2014）也认为，随着企业商业模式创新程度的提高，协调第三方联盟互补性资源的成本会增加。另外，信息的不对称会加大企业在合作中实施机会主义行为的动机（Zhao et al.，2021）。例如，在跨国公司与非政府组织合作共创商业模式中，跨国公司的 R&D 技术、战略计划等互补性资源的投入，可能使非政府组织或非政府组织的合作伙伴成为市场上强有力的竞争者（Dahan et al.，2010）。协调成本以及机会主义风险的增加会导致资源共享的效率损失。因此，

TA 与 OTA 如何在资源效率损失与收益之间进行权衡并对互补性资源共享进行科学决策，将对共创 O2O 模式的成功与否产生至关重要的作用。

另外，为了保证资源能在合作中充分发挥作用，TA 与 OTA 在共享互补性资源的同时，双方在合作过程中还需保持沟通，及时反馈发现的问题，消除双方合作中产生的分歧，这就需要双方在合作过程中投入合作努力。针对 TA 与 OTA 合作共享互补性资源与投入合作努力共创 O2O 模式，本章主要集中讨论以下三个问题：①TA 与 OTA 如何在资源效率损失与收益之间进行权衡并对互补性资源共享进行科学决策？②TA 与 OTA 如何调整资源共享与合作努力投入，以降低资源效率损失？③对方资源共享策略发生变化时，自身资源如何决策？

本章考虑 TA 与 OTA 资源的互补性，并结合双方参与共创 O2O 模式的合作努力程度，采用柯布—道格拉斯生产函数构建合作共创 O2O 模式的收益模型，在收益与效率损失共同作用下，运用 Stackelberg 博弈开展双方互补性资源共享的策略研究。研究结果可为 TA 与 OTA 合作共创 O2O 模式决策提供理论指导，并进一步丰富与发展了合作理论和商业模式理论。

本章余下内容安排：第二节构建了旅行社合作共创 O2O 模式的模型，模型中包括合作收益和风险；第三节对所构建的模型进行了求解，对均衡解进行分析，得出 TA 与 OTA 互补性资源的共享策略；第四节提供了一个算例和去哪儿网与旅游百事通合作共创 O2O 模式的案例，来验证第三节中的部分结论；最后总结了本章的内容。

第二节　资源共享下共创 O2O 模式的模型

TA 与 OTA 合作共创的 O2O 模式是指双方共享互补性资源并共同努力将 TA

旅游产品实现线上预订，利用线下门店提供咨询、接待等服务的线上线下融合的模式。因此，在本章中，共创 O2O 模式的经济效益是可度量的，且与双方的互补性资源和合作努力相关。在 TA 与 OTA 合作过程中，双方都有可能成为合作的主导者，如众信旅游为了获得悠哉网的线上市场份额、技术经验等资源，收购其15%的股权，并为其提供委托贷款，成为双方合作的主导者；去哪儿网为了获得旅游百事通的包价游产品、门店等资源，对其投资了数亿元，成为双方合作的主导者。

基于以上分析，本章将率先共享资源的一方称为合作主导者（用下标 L 表示），另一方为跟随者（用下标 F 表示），双方采用 Stackelberg 主从博弈，分两阶段进行决策：第一阶段，合作主导者确定自身资源的共享量 R_L，以及对总合作努力投入的分担比率 t；第二阶段，跟随者根据主导者的决策，确定自身资源的共享量 R_F 和共创 O2O 模式的总合作努力投入 θ。另外，在合作收益方面，合作收益函数 $P(\theta, R_L, R_F)$ 受当期总合作努力投入 θ 以及自有资源共享量 R_L、R_F 三者的共同作用，本章采用柯布—道格拉斯生产函数表示双方共创 O2O 模式所产生的合作收益函数 $P(\theta, R_L, R_F)$ 和期望合作收益函数 $P_e(\theta, R_L, R_F)$：

$$P(\theta, R_L, R_F) = A\theta^\alpha R_L^{\beta_L} R_F^{\beta_F} + \varepsilon \qquad (4\text{-}1)$$

$$P_e(\theta, R_L, R_F) = A\theta^\alpha R_L^{\beta_L} R_F^{\beta_F} \qquad (4\text{-}2)$$

式（4-1）、式（4-2）中，α、β_L、β_F 分别表示总合作努力投入、主导者资源共享和跟随者资源共享的合作收益增量，α、R_L、R_F 均为正常数，且 $\alpha + R_L + R_F < 1$，α 越大表示总合作努力投入对合作收益的重要性越大，β_L 和 β_F 越大表示资源共享对合作收益的重要性越大；A 表示其他因素对合作收益的影响，为正常数，如 TA 与 OTA 的企业实力、合作经验等；ε 表示随机误差与环境不确定性有关，期望误差为 0；$P_e(\theta, 0, R_F) = P_e(\theta, R_L, 0) = P_e(0, R_L, R_F) = 0$，表明资源之间、资源与总合作努力之间无法完全替代，如果一方资源共享或总合作努力

投入为零，那么共创 O2O 模式的合作无法达成；$\dfrac{\partial^2 P_e(\theta,\ R_L,\ R_F)}{\partial R_L \partial R_F} > 0$，

$\dfrac{\partial^2 P_e(\theta,\ R_L,\ R_F)}{\partial \theta \partial R_L} > 0$，$\dfrac{\partial^2 P_e(\theta,\ R_L,\ R_F)}{\partial \theta \partial R_F} > 0$，表明资源共享的增加会提高互补性

资源以及总合作努力投入的边际合作收益，同样总合作努力投入的增加会提高资源共享的边际合作收益。

双方通过合作共创 O2O 模式所获得的总收益包括直接收益与间接收益。直接收益是指合作主导者和跟随者在共创 O2O 模式中通过共享合作收益获得的收益，分别用 γ_L 和 γ_F 表示共享合作收益的比例，且 $\gamma_L + \gamma_F = 1$，进而可知双方的直接收益分别为：$\gamma_L P_e(\theta,\ R_L,\ R_F)$ 和 $\gamma_F P_e(\theta,\ R_L,\ R_F)$。另外，在合作共创 O2O 模式中，双方还可以通过相互学习对方的技术和管理经验等知识、分析交易数据等提升企业价值而获得间接收益，间接收益占直接收益的比例分别为 μ_L 和 μ_F。可见双方的总收益（直接收益与间接收益之和）分别为：

$$\pi_L = \gamma_L(1+\mu_L)\left(A\theta^{\alpha} R_L{}^{\beta_L} R_F{}^{\beta_F}\right) \tag{4-3}$$

$$\pi_F = \gamma_F(1+\mu_F)\left(A\theta^{\alpha} R_L{}^{\beta_L} R_F{}^{\beta_F}\right) \tag{4-4}$$

在成本方面，主导者与跟随者在合作共创 O2O 模式中的总成本（合作努力投入与资源效率损失成本之和）分别为：

$$c_L = t\theta + \eta_L R_L \tag{4-5}$$

$$c_F = (1-t)\theta + \eta_F R_F \tag{4-6}$$

式（4-5）、式（4-6）中，t 表示在合作共创 O2O 模式中主导者对总合作努力投入的分担比率，$0 < t < 1$，$(1-t)$ 则为跟随者对总合作努力投入的分担比率，进而得 $t\theta$ 和 $(1-t)\theta$ 为主导者与跟随者的合作努力投入。考虑互补性资源的共享会带来机会主义风险和协调成本，用 η_L 和 η_F 分别表示合作主导者和跟随者主观感知的机会主义风险和协调成本存在而导致的单位资源共享的效率损失（称为资源效率损失系数），η_L 和 η_F 越大，资源共享的机会主义风险和协调成本越高；

$\eta_L R_L$ 和 $\eta_F R_F$ 为双方的资源效率损失成本。

整理式（4-3）~式（4-6），可得双方的期望净收益分别表示为：

$$\Pi_L(t,\ R_L)=\gamma_L(1+\mu_L)(A\theta^\alpha R_L^{\beta_L} R_F^{\beta_F})-(\iota\theta+\eta_L R_L) \tag{4-7}$$

$$\Pi_F(\theta,\ R_F\mid t,\ R_L)=\gamma_F(1+\mu_F)(A\theta^\alpha R_L^{\beta_L} R_F^{\beta_F})-(1-t)\theta-\eta_F R_F \tag{4-8}$$

且总体期望净收益为：

$$\Pi(\theta,\ R_F,\ t,\ R_L)=\left[\gamma_L(1+\mu_L)+\gamma_F(1+\mu_F)\right](A\theta^\alpha R_L^{\beta_L} R_F^{\beta_F})-\theta-\eta_L R_L-\eta_F R_F \tag{4-9}$$

第三节　模型讨论

一、模型求解

基于上节所建模型，采用 Stackelberg 主从博弈开展研究。其博弈顺序为合作主导者先确定自身资源共享量 R_L，以及对总合作努力投入分担比率 t、跟随者根据主导者的决策确定自身资源共享量 R_F 和总合作努力投入 θ，具体过程分为以下三个步骤：

（1）给定 t 和 R_L，令跟随者的期望净利润函数式（4-8）关于 R_F 和 θ 的偏导为 0：

$$\frac{\partial \Pi_F(\theta,\ R_F\mid t,\ R_L)}{\partial R_F}=A\theta^\alpha R_L^{\beta_L}\beta_F\gamma_F(1+\mu_F)R_F^{\beta_F-1}-\eta_F=0$$

$$\frac{\partial \Pi_F(\theta,\ R_F\mid t,\ R_L)}{\partial \theta}=A\alpha R_L^{\beta_L} R_F^{\beta_F}\gamma_F(1+\mu_F)\theta^{\alpha-1}-(1-t)=0$$

联立两个方程组，可得跟随者的资源共享量与总合作努力投入为：

$$R_F^* = \left\{ \left[\frac{A\beta_F \gamma_F (1+\mu_F) R_L^{\beta_L}}{\eta_F} \right] \times \left[\frac{\alpha\eta_F}{(1-t)\beta_F} \right]^{\alpha} \right\}^{\frac{1}{1-\alpha-\beta_F}} \tag{4-10}$$

$$\theta^* = \left\{ \left[\frac{A\alpha\gamma_F (1+\mu_F) R_L^{\beta_L}}{1-t} \right] \times \left[\frac{(1-t)\beta_F}{\alpha\eta_F} \right]^{\beta_F} \right\}^{\frac{1}{1-\alpha-\beta_F}} \tag{4-11}$$

同时，可得总合作努力与跟随者资源共享的关系为：

$$\frac{\theta^*}{R_F^*} = \frac{\alpha\eta_F}{(1-t)\beta_F} \tag{4-12}$$

由式（4-10）、式（4-11）可知，无论合作主导者的资源共享量 R_L 以及对总合作努力分担比率 t 如何变化，跟随者的资源共享量 R_F^* 与总合作努力投入 θ^* 总有：

$$\frac{\partial R_F^*}{\partial R_L} = \frac{\beta_L}{1-\alpha-\beta_F} \left\{ \left[\frac{A\beta_F \gamma_F (1+\mu_F)}{\eta_F} \right] \times \left[\frac{\alpha\eta_F}{(1-t)\beta_F} \right]^{\alpha} \right\}^{\frac{1}{1-\alpha-\beta_F}} R_L^{\frac{\beta_L}{1-\alpha-\beta_F}-1} > 0 \tag{4-13}$$

$$\frac{\partial R_F^*}{\partial t} = \frac{\alpha}{1-\alpha-\beta_F} \left\{ \left[\frac{A\beta_F \gamma_F (1+\mu_F) R_L^{\beta_L}}{\eta_F} \right] \times \left(\frac{\alpha\eta_F}{\beta_F} \right)^{\alpha} \right\}^{\frac{1}{1-\alpha-\beta_F}} (1-t)^{\frac{\beta_F-1}{1-\alpha-\beta_F}} > 0 \tag{4-14}$$

$$\frac{\partial \theta^*}{\partial R_L} = \frac{\beta_L}{1-\alpha-\beta_F} \left\{ \left[\frac{A\alpha\gamma_F (1+\mu_F)}{1-t} \right] \times \left[\frac{(1-t)\beta_F}{\alpha\eta_F} \right]^{\beta_F} \right\}^{\frac{1}{1-\alpha-\beta_F}} R_L^{\frac{\beta_L}{1-\alpha-\beta_F}-1} > 0 \tag{4-15}$$

$$\frac{\partial \theta^*}{\partial t} = \frac{1-\beta_F}{1-\alpha-\beta_F} \left[A\alpha\gamma_F (1+\mu_F) R_L^{\beta_L} \times \left(\frac{\beta_F}{\alpha\eta_F} \right)^{\beta_F} \right]^{\frac{1}{1-\alpha-\beta_F}} (1-t)^{\frac{\beta_F-1}{1-\alpha-\beta_F}-1} > 0 \tag{4-16}$$

通过式（4-13）~式（4-16）可知，随着主导者资源共享与对总合作努力分担比率的增加，跟随者的资源共享与总合作努力投入也随之增加，即合作主导者投入的资源越多，分担的总合作努力投入越大，跟随者也会采取增加资源共享与总合作努力的策略，总合作努力的增加进而使双方共享的资源在合作共创 O2O 模式中发挥更有效的作用。这意味着，合作主导者必须通过率先共享较多的资源和承诺积极参与合作等方式表现合作诚意，以激励跟随者共创 O2O 模式的信心，使其也做出增加资源共享的决策，从而促进合作的成功。

（2）将式（4-10）与式（4-11）代入式（4-7）中：

$$\Pi_L(t, R_L) = A\gamma_L(1+\mu_L)\left\{\left[\frac{A\alpha\gamma_F(1+\mu_F)R_L^{\beta_L}}{1-t}\right]\times\left[\frac{(1-t)\beta_F}{\alpha\eta_F}\right]^{\beta_F}\right\}^{\frac{\alpha}{1-\alpha-\beta_F}}$$

$$\left\{\left[\frac{A\beta_F\gamma_F(1+\mu_F)R_L^{\beta_L}}{\eta_F}\right]\times\left[\frac{\alpha\eta_F}{(1-t)\beta_F}\right]^{\alpha}\right\}^{\frac{\beta_F}{1-\alpha-\beta_F}}\times R_L^{\beta_L}-t\times$$

$$\left\{\left[\frac{A\alpha\gamma_F(1+\mu_F)R_L^{\beta_L}}{1-t}\right]\times\left[\frac{(1-t)\beta_F}{\alpha\eta_F}\right]^{\beta_F}\right\}^{\frac{1}{1-\alpha-\beta_F}}-\eta_L R_L \qquad (4-17)$$

令式（4-17）关于 t 和 R_L 的一阶偏导为 0，并将两式联立解方程组，可得主导者对总合作努力投入的最优分担比率 t^* 和最优资源共享量 R^* 如下：

$$t^* = \begin{cases} \dfrac{\gamma_L(1+\mu_L)-\gamma_F(1+\mu_F)(1-\beta_F-\alpha)}{\gamma_L(1+\mu_L)+\alpha\gamma_F(1+\mu_F)}, & 当\dfrac{\gamma_L(1+\mu_L)}{\gamma_F(1+\mu_F)}>1-\beta_F-\alpha \\ 0, & 其他 \end{cases} \qquad (4-18)$$

$$R_L^* = \left\{\frac{\beta_L\eta_F\left[\gamma_L(1+\mu_L)+\alpha\gamma_F(1+\mu_F)\right]}{\beta_F\eta_L\gamma_F(1+\mu_F)(1-\beta_F)}\left(\left[\frac{A\beta_0\gamma_F(1+\mu_F)}{\eta_F}\right]\right.\right.$$

$$\left.\left.\left[\frac{\left[\gamma_L(1+\mu_L)+\alpha\gamma_F(1+\mu_F)\right]\alpha\eta_F}{\gamma_F(1+\mu_F)(1-\beta_F)\beta_F}\right]^{\alpha}\right)^{\frac{1}{1-\alpha-\beta_F}}\right\}^{\frac{1-\alpha-\beta_F}{1-\alpha-\beta_F-\beta_L}} \qquad (4-19)$$

同时，可得到主导者最优资源共享量 R_L^* 与跟随者最优资源共享量 R_F^* 之间的关系：

$$\frac{R_L^*}{R_F^*} = \frac{\beta_L\eta_F\left[\gamma_L(1+\mu_L)+\alpha\gamma_F(1+\mu_F)\right]}{\beta_F\eta_L\gamma_F(1+\mu_F)(1-\beta_F)} \qquad (4-20)$$

（3）在得到均衡值 t^* 和 R_L^* 后，将式（4-18）、式（4-19）分别代入式（4-10）和式（4-11）中，得到跟随者资源共享量 R_F^* 和总合作努力投入 θ^* 的均衡条件为：

$$R_F^* = \left\{\left[\frac{A\beta_0\gamma_F(1+\mu_F)}{\eta_F}\right]\left[\frac{\beta_L\eta_F\left[\gamma_L(1+\mu_L)+\alpha\gamma_F(1+\mu_F)\right]}{\beta_F\eta_L\gamma_F(1+\mu_F)(1-\beta_F)}\right]^{\beta_L}\right.$$

$$\left. \left(\frac{\left[\gamma_L(1+\mu_L)+\alpha\gamma_F(1+\mu_F) \right]\alpha\eta_F}{\gamma_F(1+\mu_F)(1-\beta_F)\beta_F} \right)^{\alpha} \right\}^{\frac{1}{1-\alpha-\beta_F-\beta_L}} \tag{4-21}$$

$$\theta^* = \left\{ \left(\frac{A\alpha\left[\gamma_L(1+\mu_L)+\alpha\gamma_F(1+\mu_F) \right]}{(1-\beta_F)} \right)\left(\frac{\beta_L}{\alpha\eta_L} \right)^{\beta_L} \right.$$

$$\left. \left(\frac{\gamma_F(1+\mu_F)(1-\beta_F)\beta_F}{\left[\gamma_L(1+\mu_L)+\alpha\gamma_F(1+\mu_F) \right]\alpha\eta_F} \right)^{\beta_F} \right\}^{\frac{1}{1-\alpha-\beta_F-\beta_L}} \tag{4-22}$$

此时，将 R_L^*、t^*、R_F^*、θ^*，分别代入式（4-7）～式（4-9）可得主导者、跟随者和总体收益，其表达式如下。

在合作共创 O2O 模式中，主导者获得的净收益为：

$$\Pi_L^* = \left\{ \left[\frac{A\beta_0\gamma_F(1+\mu_F)}{\eta_F} \right]\left(\frac{\beta_L\eta_F\left[\gamma_L(1+\mu_L)+\alpha\gamma_F(1+\mu_F) \right]}{\beta_F\eta_L\gamma_F(1+\mu_F)(1-\beta_F)} \right)^{\beta_L} \right.$$

$$\left. \left(\frac{\left[\gamma_L(1+\mu_L)+\alpha\gamma_F(1+\mu_F) \right]\alpha\eta_F}{\gamma_F(1+\mu_F)(1-\beta_F)\beta_F} \right)^{\alpha} \right\}^{\frac{1}{1-\alpha-\beta_F-\beta_L}}$$

$$\times \frac{\eta_L(1-\alpha-\beta_F-\beta_L)\left[\gamma_L(1+\mu_L)+\alpha\gamma_F(1+\mu_F) \right]}{\gamma_F(1+\mu_F)(1-\beta_F)\beta_F}。$$

在合作共创 O2O 模式中，跟随者获得的净收益为：

$$\Pi_F^* = \left\{ \left[\frac{A\beta_0\gamma_F(1+\mu_F)}{\eta_F} \right]\left(\frac{\beta_L\eta_F\left[\gamma_L(1+\mu_L)+\alpha\gamma_F(1+\mu_F) \right]}{\beta_F\eta_L\gamma_F(1+\mu_F)(1-\beta_F)} \right)^{\beta_L} \right.$$

$$\left. \left(\frac{\left[\gamma_L(1+\mu_L)+\alpha\gamma_F(1+\mu_F) \right]\alpha\eta_F}{\gamma_F(1+\mu_F)(1-\beta_F)\beta_F} \right)^{\alpha} \right\}^{\frac{1}{1-\alpha-\beta_F-\beta_L}} \times \frac{\eta_F(1-\alpha-\beta_F)}{\beta_F}。$$

且总体净收益期望为：

$$\Pi^* = \left\{ \left[\frac{A\beta_0\gamma_F(1+\mu_F)}{\eta_F} \right]\left(\frac{\beta_L\eta_F\left[\gamma_L(1+\mu_L)+\alpha\gamma_F(1+\mu_F) \right]}{\beta_F\eta_L\gamma_F(1+\mu_F)(1-\beta_F)} \right)^{\beta_L} \right.$$

$$\left. \left(\frac{\left[\gamma_L(1+\mu_L)+\alpha\gamma_F(1+\mu_F) \right]\alpha\eta_F}{\gamma_F(1+\mu_F)(1-\beta_F)\beta_F} \right)^{\alpha} \right\}^{\frac{1}{1-\alpha-\beta_F-\beta_L}} \times \frac{\eta_F}{\gamma_F(1+\mu_F)(1-\beta_F)\beta_F}$$

$$\left\{ (1-\alpha-\beta_F-\beta_L)\gamma_L(1+\mu_L)+\left[(1-\beta_F)^2-\alpha(\alpha+\beta_L) \right]\gamma_F(1+\mu_F) \right\}。$$

二、资源共享策略分析

通过对合作主导者与跟随者的资源共享、合作努力投入的最优决策进行分析，得到命题 4.1~命题 4.6，其证明分析如下。

命题 4.1 当合作主导者与跟随者的收益满足 $\dfrac{\gamma_L(1+\mu_L)}{\gamma_F(1+\mu_F)}>1-\beta_F-\alpha$ 时，合作才能达成。

证明： 分析主导者对总合作努力投入的分担比率表达式发现，若使 t^* 有意义 ［见式（4-18）］，必须有 $\dfrac{\gamma_L(1+\mu_L)}{\gamma_F(1+\mu_F)}>1-\beta_F-\alpha$ 成立。

由命题 4.1 分析可知，合作主导者的总收益系数大于一定阈值时，双方的合作才能达成。TA 与 OTA 合作共创 O2O 模式过程中，跟随者掌握了主导者所必需的互补性资源，主导者为了共享、获取、利用跟随者的核心资源，愿意在合作中妥协，不再要求最终收益比跟随者大。但主导者参与合作的目的是为了获取收益，因此并不会无底线退让，其最低收益不能低于跟随者收益的 $(1-\beta_F-\alpha)$ 倍。通过收益比例 $(1-\beta_F-\alpha)$ 可以看出，随着跟随者的资源对共创 O2O 模式的重要性 β_F 越大，主导者愿意参与合作的收益阈值越低。需要指出的是，由于资源之间存在互补关系，导致本章的合作条件与 Ding 和 Huang（2010）、熊榆等（2013）、孙佳和原毅军（2015）中主导者一定比跟随者收益大的合作条件不完全相同。

在满足合作条件的基础上，对命题 4.2~命题 4.6 进行证明分析。

命题 4.2 合作主导者与跟随者的资源效率损失系数 η_L、η_F 越大，合作双方资源共享量 R_L^*、R_F^* 越小；反之，合作主导者与跟随者的资源效率损失系数 η_L、η_F 越小，合作双方资源共享量 R_L^*、R_F^* 则越大。

证明：对式（4-19）和式（4-21）进行转换可得：

$$R_L^* = \left\{ \frac{\beta_L\left[\gamma_L(1+\mu_L)+\alpha\gamma_F(1+\mu_F)\right]}{\beta_F\gamma_F(1+\mu_F)(1-\beta_F)}\left(A\beta_0\gamma_F(1+\mu_F)\right.\right.$$

$$\left.\left.\left[\frac{\left[\gamma_L(1+\mu_L)+\alpha\gamma_F(1+\mu_F)\right]\alpha}{\gamma_F(1+\mu_F)(1-\beta_F)\beta_F}\right]^\alpha\right)^{\frac{1}{1-\alpha-\beta_F}}\right\}^{\frac{1-\alpha-\beta_F}{1-\alpha-\beta_F-\beta_L}} \times \frac{\eta_F^{\frac{-\beta_F}{1-\alpha-\beta_F-\beta_L}}}{\eta_L^{\frac{1-\alpha-\beta_F}{1-\alpha-\beta_F-\beta_L}}},$$

$$R_F^* = \left\{ A\beta_0\gamma_F(1+\mu_F)\left(\frac{\beta_L\left[\gamma_L(1+\mu_L)+\alpha\gamma_F(1+\mu_F)\right]}{\beta_F\gamma_F(1+\mu_F)(1-\beta_F)}\right)^{\beta_L}\right.$$

$$\left.\left(\frac{\left[\gamma_L(1+\mu_L)+\alpha\gamma_F(1+\mu_F)\right]\alpha}{\gamma_F(1+\mu_F)(1-\beta_F)\beta_F}\right)^\alpha\right\}^{\frac{1}{1-\alpha-\beta_F-\beta_L}} \times \frac{\eta_F^{\frac{\alpha+\beta_L-1}{1-\alpha-\beta_F-\beta_L}}}{\eta_L^{\frac{\beta_L}{1-\alpha-\beta_F-\beta_L}}}。$$

由 $\frac{\partial R_L^*}{\partial \eta_L}<0$，$\frac{\partial R_L^*}{\partial \eta_F}<0$，$\frac{\partial R_F^*}{\partial \eta_L}<0$，$\frac{\partial R_F^*}{\partial \eta_F}<0$，可知 R_L^* 与 η_L、η_F，R_F^* 与 η_L、η_F 均呈负相关。

由命题 4.2 分析可知以下两点：

（1）随着合作主导者的资源效率损失系数的升高，一方面，主观感知资源面临的机会主义风险越大，被合作者窃取、模仿、转移核心资源的可能性越高（Kale et al.，2000），而限制资源投入量是避免核心资源流失的一个重要手段（孙佳和原毅军，2015），因此合作主导者会采取减少核心资源共享的方式保护资源，维护自身企业的核心竞争优势。如在途牛网与旅行社的合作过程中，途牛网掌握了包价游产品的管理经验和诀窍，加大了与旅游供应商的直采制度，进而控制了网络市场价格，损害了旅行社的利益，导致多家旅行社联合发表声明，对途牛网采取"断供"制裁措施。另一方面，互补性资源之间协调成本的增加，导致交易成本的上升，出于对成本的考虑，投入方会权衡投入策略。

（2）随着合作主导者的资源效率损失系数的降低，一方面，跟随者可以通过模仿、学习等方法较容易获取主导者的互补性资源；另一方面，主导者互补性资源的减少会使跟随者的资源共享的边际合作收益下降，进而影响跟随者在合作共创 O2O 模式中的总收益，因此，跟随者也会采取减少资源共享的策略。合作双方资源共享策略的一致性体现了双方资源之间的互补关系。反之，如果资源共享的效率损失系数较低，双方很难采取机会主义策略，共享的资源可以得到有效保护和利用，那么 TA 与 OTA 均会加大资源共享，进而创造更大的合作价值。

命题 4.3 合作主导者与跟随者的资源效率损失系数 η_L、η_F 越大，双方合作努力投入 $t^*\theta^*$ 与 $(1-t^*)\theta^*$ 越小；反之，合作主导者与跟随者的资源效率损失系数 η_L、η_F 越小，双方合作努力投入 $t^*\theta^*$ 与 $(1-t^*)\theta^*$ 则越大。

证明： 将式（4-22）进行转换可得：

$$\theta^* = \left\{ \left(\frac{A\alpha\left[\gamma_L(1+\mu_L)+\alpha\gamma_F(1+\mu_F) \right]}{(1-\beta_F)} \right) \left(\frac{\beta_L}{\alpha} \right)^{\beta_L} \right.$$

$$\left. \left(\frac{\gamma_F(1+\mu_F)(1-\beta_F)\beta_F}{\left[\gamma_L(1+\mu_L)+\alpha\gamma_F(1+\mu_F) \right]\alpha} \right)^{\beta_F} \right\}^{\frac{1}{1-\alpha-\beta_F-\beta_L}} \times \eta_L^{\frac{-\beta_L}{1-\alpha-\beta_F-\beta_L}} \times \eta_F^{\frac{-\beta_F}{1-\alpha-\beta_F-\beta_L}},$$

$\dfrac{\partial\theta^*}{\partial\eta_L}<0$，$\dfrac{\partial\theta^*}{\partial\eta_F}<0$，因 t^* 与 $(1-t^*)$ 与 η_L、η_F 无关，因此可得：

$$\frac{\partial(t^*\theta^*)}{\partial\eta_L}<0,\quad \frac{\partial\left[(1-t^*)\theta^*\right]}{\partial\eta_L}<0,\quad \frac{\partial(t^*\theta^*)}{\partial\eta_F}<0,\quad \frac{\partial\left[(1-t^*)\theta^*\right]}{\partial\eta_F}<0。$$

由命题 4.3 分析可知，随着合作主导者与跟随者的资源效率损失系数的升高，双方均会采取减少资源共享的策略（命题 4.2），而资源共享量的减少使合作努力不能在共创 O2O 模式中发挥有效作用，导致合作收益下降，进一步影响双方的最终收益。因此，随着资源效率损失系数的升高，资源之间不协调风险和机会主义风险较大，使双方对共创 O2O 模式的信心不足，参与合作的积极性也会降低。如中国国旅与悠哉网曾达成战略合作协议，但因双方在合作中信任度较低，导致后期资源共享不足，合作过程中沟通交流较少，最终合作以失败告终。另外，合作主导者与跟随者可通过降低合作努力警示对方对自身资源的内化行为，或通过提高合作努力投入反馈给合作方，自身不会对其采取机会主义行为。反之，当双方面临较低的资源效率损失系数时，合作主导者与跟随者均会增大资源共享（命题 4.2），而为了保证资源的有效配置和整合，双方必须经常沟通、交流，共同商讨并解决所遇到的问题，为共创 O2O 模式的成功提供催化剂。

命题 4.4 合作主导者与跟随者资源共享量占其自身总投入的比值

$\dfrac{R_L^*}{R_L^*+t^*\theta^*}$、$\dfrac{R_F^*}{R_F^*+(1-t^*)\theta^*}$ 为固定比例，且该比例分别与自身资源对合作收益的增量 β_L、β_F 呈正相关，与总合作努力对合作收益的增量 α、自身资源效率损失系数 η_L、η_F 呈负相关；同样地，双方合作努力投入占总投入的比值 $\dfrac{t^*\theta^*}{R_L^*+t^*\theta^*}$、$\dfrac{(1-t^*)\theta^*}{R_F^*+(1-t^*)\theta^*}$ 也为固定比例，且该比例分别与总合作努力对合作收益的增量 α、自身资源效率损失系数 η_L、η_F 呈正相关，与自身资源对合作收益的增量 β_L、β_F 呈负相关。

证明： 由 $\dfrac{\theta^*}{R_F^*}=\dfrac{\alpha\eta_F}{(1-t)\beta_F}$，可得 $\dfrac{(1-t^*)\theta^*}{R_F^*}=\dfrac{\alpha\eta_F}{\beta_F}$，

则 $\dfrac{(1-t^*)\theta^*}{R_F^*+(1-t^*)\theta^*}=\dfrac{\alpha\eta_F}{\beta_F+\alpha\eta_F}$，$\dfrac{R_F^*}{R_F^*+(1-t^*)\theta^*}=\dfrac{\beta_F}{\beta_F+\alpha\eta_F}$。

由此可得：$\dfrac{(1-t^*)\theta^*}{R_F^*+(1-t^*)\theta^*}$ 与 α、η_F 呈正相关，与 β_F 呈负相关；

$\dfrac{R_F^*}{R_F^*+(1-t^*)\theta^*}$ 与 β_F 呈正相关，与 α、η_F 呈负相关。

由 $\dfrac{\theta^*}{R_O^*}=\dfrac{\alpha\eta_F}{(1-t)\beta_F}$ 和 $\dfrac{R_L^*}{R_F^*}=\dfrac{\beta_L\eta_F[\gamma_L(1+\mu_L)+\alpha\gamma_F(1+\mu_F)]}{\beta_F\eta_L\gamma_F(1+\mu_F)(1-\beta_F)}$ 可得：$\dfrac{t^*\theta^*}{R_L^*}=$

$\dfrac{\alpha\eta_L\gamma_F(1+\mu_F)(1-\beta_F)t^*}{\beta_L[\gamma_L(1+\mu_L)+\alpha\gamma_F(1+\mu_F)](1-t^*)}$，而 $\dfrac{t^*}{1-t^*}=\dfrac{\gamma_L(1+\mu_L)-\gamma_F(1+\mu_F)(1-\beta_F-\alpha)}{\gamma_F(1+\mu_F)(1-\beta_F)}$，因

此，$\dfrac{t^{*}\theta^{*}}{R_{L}^{*}}=\dfrac{\alpha\eta_{L}[\gamma_{L}(1+\mu_{L})-\gamma_{F}(1+\mu_{F})(1-\beta_{F}-\alpha)]}{\beta_{L}[\gamma_{L}(1+\mu_{L})+\alpha\gamma_{F}(1+\mu_{F})]}$，

则 $\dfrac{t^{*}\theta^{*}}{R_{L}^{*}+t^{*}\theta^{*}}=\dfrac{\alpha\eta_{L}[\gamma_{L}(1+\mu_{L})-\gamma_{F}(1+\mu_{F})(1-\beta_{F}-\alpha)]}{\beta_{L}[\gamma_{L}(1+\mu_{L})+\alpha\gamma_{F}(1+\mu_{F})]+\alpha\eta_{L}[\gamma_{L}(1+\mu_{L})-\gamma_{F}(1+\mu_{F})(1-\beta_{F}-\alpha)]}$，

$\dfrac{R_{L}^{*}}{R_{L}^{*}+t^{*}\theta^{*}}=\dfrac{\beta_{L}[\gamma_{L}(1+\mu_{L})+\alpha\gamma_{F}(1+\mu_{F})]}{\beta_{L}[\gamma_{L}(1+\mu_{L})+\alpha\gamma_{F}(1+\mu_{F})]+\alpha\eta_{L}[\gamma_{L}(1+\mu_{L})-\gamma_{F}(1+\mu_{F})(1-\beta_{F}-\alpha)]}$，

由此可得：$\dfrac{t^{*}\theta^{*}}{R_{L}^{*}+t^{*}\theta^{*}}$ 与 α、η_{L} 呈正相关，与 β_{L} 呈负相关；$\dfrac{R_{L}^{*}}{R_{L}^{*}+t^{*}\theta^{*}}$ 与 β_{L} 呈正相关，与 α、η_{L} 呈负相关。

由命题 4.4 分析可知，合作主导者与跟随者的合作努力投入与资源共享占双方自身总投入比值体现了资源共享与合作努力投入的相对变化，双方可根据固定比值优化分配自身投入。当合作主导者与跟随者共享的资源对合作收益增量 β_{L} 和 β_{F} 越大时，双方在投入分配中倾向于增加资源的共享比例；当总合作努力投入对合作总收益增量 α 以及资源效率损失系数 η_{L}、η_{F} 越大时，双方的投入分配中倾向于增加合作努力投入比例，减少资源 R_{L}^{*} 和 R_{F}^{*} 占总共享的比例，抑制资源共享风险以及协调成本。因此，从资源共享、合作努力投入与总投入的比值与各参数的关系可以看出，合作努力与资源之间存在一定的替代关系。

命题 4.5： 合作主导者与跟随者的资源共享比 $\dfrac{R_{L}^{*}}{R_{F}^{*}}=\dfrac{\beta_{L}\eta_{F}[\gamma_{L}(1+\mu_{L})+\alpha\gamma_{F}(1+\mu_{F})]}{\beta_{F}\eta_{L}\gamma_{F}(1+\mu_{F})(1-\beta_{F})}$ 为固定比例，且该比例与 $\gamma_{L}(1+\mu_{L})$、β_{L}、η_{F} 呈正相关，与 $\gamma_{F}(1+\mu_{F})$、η_{L}、β_{F} 呈负相关。

由命题 4.5 分析可知，资源共享比体现了双方资源共享的相对变化。双方在共享资源的过程中会受到总收益系数 $\gamma_{L}(1+\mu_{L})$ 和 $\gamma_{F}(1+\mu_{F})$、资源对合作收益的增量 β_{L} 和 β_{F} 以及资源效率损失系数 η_{L} 和 η_{F} 的影响。当合作主导者的总收益系数、资源对合作收益的增量 β_{L} 及跟随者资源效率损失系数 η_{F} 较大时，合作主导

者会提高自身资源的共享比例。这是因为当总收益系数较大或资源对合作收益的增量 β_L 较大时，合作主导者在合作共创 O2O 模式过程中获得的总收益较大；而当跟随者资源效率损失系数 η_F 较高时，由命题4.2可知，双方均会减少资源的共享，但主导者的资源共享占合作总资源的共享比例会随跟随者资源效率损失系数的提高而增大。另外，从双方资源比值随各参数的变动情况可以看出，合作双方的资源之间存在替代关系，并不完全互补。

命题 4.6：合作主导者与跟随者以固定比例 $\dfrac{t^* \theta^*}{(1-t^*) \theta^*} =$

$\dfrac{\gamma_L(1+\mu_L) - \gamma_F(1+\mu_F)(1-\beta_F-\alpha)}{\gamma_F(1+\mu_F)(1-\beta_F)}$ 投入合作努力，该比例与 $\gamma_L(1+\mu_L)$ 呈正相关，与

$\gamma_F(1+\mu_F)$ 呈负相关，与资源的风险系数 η_L、η_F 无关。

由命题4.6分析可知，合作主导者与跟随者分担总合作努力的比率与收益系数正相关，主导者在共创 O2O 模式中获益越高，其承担的总合作努力投入比例越高。若跟随者在合作中获益较高，则主导者会减少承担总合作努力投入比例，可见，此固定比例体现了合作中的公平性。

第四节　算例与案例分析

一、算例分析

为了更直观地研究资源共享受效率损失系数的影响，借助算例实验分析前述命题，得到如下结果。在满足合作的条件下，令参数 $A=1$，$\gamma_L=0.6$，$\mu_L=0.8$，$\gamma_F=0.4$，$\mu_F=0.2$，$\alpha=0.3$，$\eta_L=\eta_F=0.25$，$\beta_L=\beta_F=0.2$，η_L 与 η_F 均在 $[0.05$，

0.4〕变动，可得损失系数对资源共享的关系，如图 4-1 和图 4-2 所示。

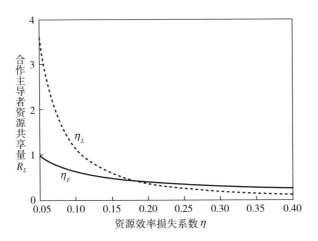

图 4-1　η_L 和 η_F 对 R_L 的影响

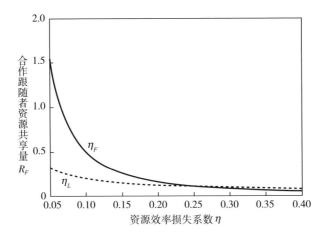

图 4-2　η_L 和 η_F 对 R_F 的影响

由图 4-1 和图 4-2 可知，当 η_L 在〔0.05，0.4〕递增时，R_L 从 3.63 下降到

0.11，R_F 从 0.31 下降到 0.08，而当 η_F 在〔0.05，0.4〕递增时，R_F 从 1.56 下

降到 0.05，R_L 从 0.99 下降到 0.25。具体分析如下：

（1）相比 η_F 的增加，η_L 的增加使 R_L 的下降速度更快，同样地，相比 η_L 的增加，η_F 的增加使 R_F 的下降速度更快；可见，受自身资源效率损失的直接影响，当资源共享方主观感知资源面临的机会主义风险及协调成本增大时，会迅速减少自身资源的共享，受合作方资源效率损失的间接影响，资源的共享量也会减少，但相比受自身资源效率损失的直接影响，减少幅度较小。

（2）η_L 增加时 R_L 的下降速度比 η_F 增加时 R_F 的下降速度要快，η_F 增加时 R_L 的下降速度比 η_L 增加时 R_F 的下降速度要快。可见，资源共享较多的一方受双方资源效率损失的影响较大，说明资源共享越多，抗风险能力越差，此时应加速撤离资源以减少自身损失。

二、去哪儿网与旅游百事通共创 O2O 模式的案例分析

本节中引入去哪儿网与旅游百事通合作共创 O2O 模式的案例，分析资源效率损失系数对双方互补性资源共享和合作努力投入的影响，以进一步验证命题 4.2 和命题 4.3 的正确性。

去哪儿网首先对旅游百事通进行了资本投资，构建全面战略合作关系，形成集线上线下为一体的 O2O 模式旅游平台。在合作共创 O2O 模式下，旅游百事通与去哪儿网的资源效率损失系数分析如下：

（1）对于旅游百事通，一方面，由于去哪儿网是以提供搜索服务为主的技术型企业，不进行旅游产品的研发，且盈利模式是点击付费广告（CPC）和按效果付费广告（P4P）收费（王秀丽和刘子健，2014），与去哪儿网合作不存在包价游产品的同质化竞争，保护了其旅游产品、特色线路和门店服务等核心资源，使得旅游百事通面临的机会主义风险较小；另一方面，去哪儿网有多年的旅游产品销售经验，将双方资源整合协调的成本较小；从上述分析可见，旅游百事通面

临较小的资源效率损失系数。

（2）对于去哪儿网，旅游百事通仅是将旅游产品在其线上或移动 APP 上销售，去哪儿网的技术资源、线上市场份额等资源均可得到有效保护，其资源效率损失系数也较低。

在双方资源效率损失系数较低的情况下，2015 年 4 月，双方进行第二次整合，旅游百事通共享自由行、跟团游等优质旅游产品核心资源，去哪儿网共享技术、人力等资源，双方进行产品库对接。此后，双方又继续共享品牌资源形成"去哪儿网与旅游百事通联合旗舰店"，同时"联合旗舰店"也在去哪儿网 APP 上线。旅游百事通 CEO 张力表示，未来的线下实体店或许改名为双方的联合品牌。在"联合旗舰店"经营过程中，去哪儿网重点推荐旅游百事通的旅游产品、配备专业的咨询技术、简化下单过程，并在移动 APP 上推出"身边顾问"等功能；另外，旅游百事通针对线下、线上销售理念不同，对门店销售人员进行线上销售技巧培训，并选用金牌销售为旗舰店游客提供专业化的旅游咨询等服务。2017 年，双方又有了进一步行动，与旅游百事通同为重庆海外旅业集团旗下的悠程国旅与去哪儿网，将以双品牌的聚合力打造线下旅游体验店，悠程·去哪儿实现线上线下双线并轨合作。

综上所述，在资源效率损失较低的三次整合过程中，旅游百事通与去哪儿网逐步加大资源共享与合作努力程度投入，进而实现了更紧密的优势互补 O2O 共创模式。可见，此案例在一定程度上证明：命题 4.2 中"合作主导者与跟随者的资源效率损失系数 η_L、η_F 越小，合作双方资源共享量 R_L^*、R_F^* 则越大"以及命题 4.3 中"合作主导者与跟随者的资源效率损失系数 η_L、η_F 越小，双方合作努力投入 $t^*\theta^*$ 与 $(1-t^*)\theta^*$ 则越大"是正确的。

本章小结

在 TA 与 OTA 合作共创 O2O 模式的过程中，双方互补性资源的共享不可避免带来机会主义风险和协调成本，导致资源共享的效率损失。因此，TA 与 OTA 需在资源共享的效率损失成本以及共创 O2O 模式所带来的收益之间进行权衡。本章运用 Stackelberg 模型解决了这一难题，研究发现，TA 和 OTA 可根据合作共创 O2O 模式的收益和成本，调整资源共享与合作努力投入的比例，减少资源共享带来的效率损失，获取更多的合作收益。

在共创 O2O 模式过程中，当资源效率损失增加时，由于资源之间的互补性以及资源与合作努力的不同类别关系，合作主导者与跟随者均会减少资源与合作努力的共享，但在共享量可调整的情况下，双方的合作努力和资源共享与自身总投入会保持固定比例。当双方资源共享对合作更重要时，资源共享比例会增加；而当资源效率损失较大或合作努力投入对合作收益更重要时，合作努力投入比例会增加，进一步揭示了合作努力与资源之间存在替代关系。通过调控资源共享与合作努力投入的比例，双方可以在通过共创 O2O 模式获利的同时控制资源共享的效率损失。由于跟随者共享的资源是主导者创新 O2O 模式所亟须且自身不具备的资源，因此，主导者参与合作条件是其收益大于一定阈值，且跟随者的资源对合作共创 O2O 模式越重要，主导者参与合作的收益阈值越低。资源之间互补性导致本章得出的主导者收益并不一定比跟随者大的合作条件。此外，合作双方的资源共享以及合作努力投入比例应与其在共创 O2O 模式的成本收益比相一致，否则任何一方觉得不公平，就会导致冲突的产生。

第五章 旅行社共创 O2O 模式的
销售与服务合作策略

第一节 引 言

在第四章中，讨论了 TA 与 OTA 双方共创 O2O 模式中互补性资源共享问题，在本章，探讨发挥资源优势共创 O2O 模式的其中一种合作方式，即双向委托代理下，TA 与 OTA 同时建立线上销售与线下服务合作策略。

TA 的主要优势是能为游客带来个人化、专业化的信息和建议等服务（Shi and Hu，2021；Walle，1996）；OTA 掌握线上市场旅游产品的销售经验和专业技能及知识（Huang，2006；Shi et al.，2022），并为游客提供人性化、简单化、安全的网络购物环境，旅游产品的信息服务与特色的旅游网站设计是影响旅游消费者购买的重要因素（Law et al.，2004；Bennett and Lai，2005；Kim et al.，2007）。近年来，TA 与 OTA 合作通过优势资源互补建立销售和服务合作形成线上线下整合的 O2O 模式，既能满足消费者多渠道的购买需求，又能为旅行社的进一步发展提供巨大的商机。然而，TA 与 OTA 的合作条件是什么？TA 与 OTA

如何设计合作契约？合作中的参数如何影响 TA 与 OTA 的价格、需求和收益？本章将重点解决这些问题。

由于旅游产品具有生产和消费的同时性，酒店、航空公司与 OTA 之间的合作使 O2O 模式快速发展。诸多学者研究了酒店、航空公司与 OTA 之间的合作策略以及双方如何实现合作（张辰和田琼，2019；Sharma and Nicolau，2019；周世平，2020；Wan et al.，2020；Cazaubiel et al.，2020；童阳，2021；张巧可等，2023）。而 TA 与 OTA 之间的合作与其他旅游产品与 OTA 之间的合作不同，TA 与 OTA 之间的合作还可提供销售中的线下咨询、建议等服务。尽管已有相关文献表明 TA 的建议服务以及 OTA 的预订属性对游客预订的重要性，但鲜有学者研究 TA 与 OTA 合作发挥资源优势实现 O2O 模式的合作问题。Shi 和 Hu（2021）研究了在信息对称和信息不对称两种情形下，TA 与 OTA 服务委托合同设计问题，分析了最优服务委托合同的性质。

为了填补研究空白并为 TA 与 OTA 合作提供建议，本章考虑到 TA 与 OTA 各自都拥有包价游产品，在双方建立线上销售与线下服务合作实现了 O2O 模式的基础上，开展了 TA 与 OTA 策略研究。为了消除 TA 产品的线上线下价格竞争，考虑 TA 实行"双线同价"的方式对其旅游产品进行定价而不允许 OTA 重新定价的基础上，构建了双方基于线上销售和线下服务合作实现 O2O 模式的竞争模型。此外，在 TA 领导的 Stackelberg 博弈及双方地位均等的 Bertrand 博弈竞争结构下，对双方的合作条件、定价策略和收益进行了分析与比较，研究结论对消除或减弱 TA 与 OTA 的竞争并发挥各自资源优势具有重要理论价值。

本章余下的内容安排：第二节构建了 TA 与 OTA 之间建立线上销售与线下服务合作模型；第三节对 TA 领导的 Stackelberg 博弈与双方地位均等的 Bertrand 博弈下模型进行求解；第四节对均衡解进行详细分析，得出双方合作的条件和所应采取的策略；第五节引入一个算例揭示双方合作下的收益变动；最后对本章的内容进行了总结。

第二节 问题描述和模型构建

假定旅游产品为同一旅游目的地的两种包价游产品组合，该旅游目的地的游客为潜在消费者。两种包价游产品分别由 TA 和 OTA 提供，双方均为独立的实体，在价格和服务方面竞争。TA 提供包价游产品 1，且购买产品 1 的消费者可以享受现场体验、个人化、专业化的出行建议等服务 s_1，借鉴肖剑等（2010）和李佩等（2020）的研究，当服务水平为 s_i 时，TA 的服务成本为 $c(s_i) = \eta_T s_i^2 / 2$，其中，$\eta_T$ 为 TA 的单位服务成本系数，且 $\eta_T > 0$，$\partial c(s_i) / \partial s_i$ 为 TA 的边际服务成本；OTA 提供包价游产品 2，但不提供相关服务。面对激烈的旅游市场竞争，双方都采取 O2O 模式的战略，即包价游产品 1 和产品 2 均可在网上购买且提供门店的个人化、专业化的咨询服务。如果 TA 实力雄厚居于领导地位，双方进行以 TA 为领导的 Stackelberg 竞争，当双方地位相当时进行 Bertrand 竞争。

模型符号：a 表示两种包价游产品的潜在市场需求，$a > 0$；μ 表示线上市场潜在需求比例；$\gamma_i (i=1, 2)$ 为产品 i 线上市场的潜在需求比例，且 $\sum_{i=1}^{2} \gamma_i = 1$；$c_i$ 表示产品 i 的成本；d_i^F、d_i^N 表示旅行社中产品 i 的需求，其中上标 F、N 分别表示线下渠道和线上渠道；Π^T、Π^O 分别表示 TA 与 OTA 的收益，其中上标 T、O 分别代表 TA 与 OTA；b_p 为旅游市场需求对包价游产品价格的弹性系数，β_p 为包价游产品之间的价格竞争系数，且 $b_p > \beta_p > 0$；b_s 为旅游市场需求对包价游产品服务水平的弹性系数，β_s 为包价游产品之间的服务竞争系数，且 $b_s > \beta_s > 0$。

TA 和 OTA 在价格和服务水平上竞争，其中，TA 为了减弱线上、线下市场的价格竞争，采用"双线同价"的方式进行定价。依据 Lu 等（2011）和 Tsay 和

Agrawal（2000）的研究，旅行社产品需求和收益的函数如下：

包价游 1 的线下需求为：

$$d_1^F = (1-\mu)\,a - b_p p_1 + \beta_p (p_2 - p_1) + b_s s_1 - \beta_s (s_2 - s_1) \tag{5-1}$$

包价游 i 的线上需求为：

$$d_i^N = \gamma_i \mu a - b_p p_i + \beta_p (p_j - p_i) + b_s s_i - \beta_s (s_j - s_i) \tag{5-2}$$

其中，$a>0$，$0<\mu<1$，$0<\gamma_i<1$，$b_p>\beta_p>0$，$b_s>\beta_s>0$，$i=1$，2 且 $j=3-i$。

1. 非合作情况

在非合作情况下，用下标 NC 表示，TA 与 OTA 独自发展 O2O 模式，即 TA 开设网站且为每单位线上需求花费 c^T 的成本，OTA 开设门店为包价游提供线下服务 s_2，与 TA 的服务成本函数类似，OTA 将支付 $\eta_O s_2^2/2$ 的服务成本，其中，η_O 为 OTA 的单位服务成本系数。由于 TA 有贴近游客的优势，TA 与 OTA 在提供相同服务时，TA 的服务成本较低，即 $\eta_O>\eta_T$。

根据以上描述和假设，在非合作情况下，TA 的收益为：

$$\Pi_{NC}^T = \left(p_1 - c_1 - \frac{\eta_T s_1^2}{2} \right) d_1 - c^T d_1^N \tag{5-3}$$

OTA 的收益为：

$$\Pi_{NC}^O = \left(p_2 - c_2 - \frac{\eta_O s_2^2}{2} \right) d_2^N \tag{5-4}$$

2. 合作情况

在合作情况下，双方基于线上销售与线下服务合作实现 O2O 模式，即 TA 委托 OTA 销售产品 1，并为每单位的包价游 1 支付 $k(0<k\leqslant c^T)$ 的佣金，其中，k 为 TA 支付给 OTA 的单位销售佣金，因此，OTA 获得的销售佣金为 $\Pi_1^O = k d_1^N$；OTA 委托 TA 为产品 2 提供服务 s_2，根据肖剑等（2010）的研究，OTA 为每单位

的包价游 2 支付 ws_2^2（$\eta_T/2<w\leqslant\eta_o/2$）服务报酬，其中，$w$ 为 OTA 支付给 TA 的单位服务报酬系数，因此，TA 获得的服务报酬为 $\Pi_{s_2}^T=(ws_2^2-c(s_2))d_2^N$。

合作情况下，TA 的收益为：

$$\Pi^T=(p_1-c_1-\eta_T s_1^2/2)d_1-kd_1^N+(ws_2^2-\eta_T s_2^2/2)d_2^N \tag{5-5}$$

OTA 的收益为：

$$\Pi^O=(p_2-c_2-ws_2^2)d_2^N+kd_1^N \tag{5-6}$$

第三节　基本模型分析

一、TA 领导的 Stackelberg 博弈

在基于线上销量和线下服务合作中，当 TA 实力较强且居于价格领导地位时，双方进行以 TA 为领导的 Stackelberg 博弈（用上标 TS 表示），博弈顺序为：首先，TA 选择产品 1 的价格 p_1 使其收益最大；其次，OTA 根据产品 1 价格 p_1 选择产品 2 的价格 p_2 使其收益最大；最后，采用逆向求解法，得到命题 5.1。

命题 5.1：Stackelberg 竞争下，TA 与 OTA 合作共创 O2O 模式的最优价格策略（p_1^{TS*}，p_2^{TS*}）为：

$$p_1^{TS*}=\frac{2A_1\eta_T s_1^2+A_3(6w-\eta_T)s_2^2+2(A_1+2\beta_p^2)k+4(A_2 s_1+A_4 s_2+A_5)}{8A_1} \tag{5-7}$$

$$p_2^{TS*}=\frac{2A_1\eta_T\beta_p s_1^2+B_1 s_2^2+2(5A_1+2\beta_p^2)\beta_p k+4(B_2 s_1+B_3 s_2+B_4)}{16A_1(b_p+\beta_p)} \tag{5-8}$$

其中，

$$A_1 = 2b_p^2 + 4b_p\beta_p + \beta_p^2,$$

$$A_2 = 2b_p b_s + 2b_p\beta_s + 2b_s\beta_p + \beta_p\beta_s,$$

$$A_3 = \beta_p(b_p + \beta_p),$$

$$A_4 = b_s\beta_p - 2b_p\beta_s - \beta_p\beta_s,$$

$$A_5 = b_p(1 - \mu + \gamma_1\mu)a + \beta_p a + A_1 c_1 + A_3 c_2,$$

$$B_1 = (8b_p^2\eta_T + 32b_p\beta_p w + 14\beta_p^2 w - \beta_p^2\eta_T)(b_p + \beta_p),$$

$$B_2 = 2b_p b_s\beta_p - 6b_p\beta_p\beta_s + 2b_s\beta_p^2 - 4b_p^2\beta_s - \beta_p^2\beta_s,$$

$$B_3 = 4b_p^2 b_s + 8b_p b_s\beta_p + 3b_s\beta_p^2 + 4b_p^2\beta_s + 6b_p\beta_p\beta_s + \beta_p^2\beta_s,$$

$$B_4 = 2A_1((b_s + \beta_p)c_2 + \gamma_2\mu a) + \beta_p A_5 \circ$$

二、双方地位均等的 Bertrand 博弈

当 TA 与 OTA 的地位均等时，双方进行 Bertrand 博弈（用上标 B 表示）。博弈顺序为：双方在未知对方价格的情况下，确定产品价格以最大化收益。通过上述博弈过程，得到命题 5.2。

命题 5.2：Bertrand 竞争下，TA 与 OTA 合作共创 O2O 模式的最优价格策略 (p_1^{B*}, p_2^{B*}) 为：

$$p_1^{B*} = \frac{2C_1\eta_T s_1^2 + C_2 s_2^2 + 2A_2 s_1 + 2A_4 s_2 + 2C_3 k + 2C_4}{8b_p^2 + 16b_p\beta_p + 6\beta_p^2} \tag{5-9}$$

$$p_2^{B*} = \frac{2A_3\eta_T s_1^2 + D_1 s_2^2 + 4A_4 s_1 + 4A_2 s_2 + 10A_3 k + 2D_2}{16b_p^2 + 32b_p\beta_p + 12\beta_p^2} \tag{5-10}$$

其中，

$$C_1 = b_p^2 + 2b_p\beta_p + \beta_p^2,$$

$$C_2 = 4b_p\beta_p w + 4\beta_p^2 w - b_p\beta_p\eta_T - \beta_p^2\eta_T,$$

$$C_3 = b_p^2 + 2b_p\beta_p + 2\beta_p^2,$$

$C_4 = 2(b_p + \beta_p)^2 c_1 + A_3 c_2 + b_p(1 - \mu + \gamma_1 \mu)a + \beta_p a,$

$D_1 = 8b_p^2 w + 16 b_p \beta_p w + 10 \beta_p^2 w - \beta_p^2 \eta_T,$

$D_2 = 2A_3 c_1 + 4C_1 c_2 + (4b_p \gamma_2 \mu + \beta_p + 3\beta_p \gamma_2 \mu)a_。$

第四节　销售与服务合作策略

一、合作条件

结论 5.1：在以 TA 为 Stackelberg 博弈的领导者时，当产品 1 线上市场的潜在需求比例 γ_1 满足 $\gamma_{1\min}^{TS} \leqslant \gamma_1 \leqslant \gamma_{1\max}^{TS}$ 时，合作才能成立；同样地，在双方地位均等的 Bertrand 博弈中，产品 1 线上市场的潜在需求比例 γ_1 满足 $\gamma_{1\min}^{B} \leqslant \gamma_1 \leqslant \gamma_{1\max}^{B}$ 时，合作才能成立。

其中：

$$\gamma_{1\min}^{TS} = -\frac{-2A_1 \eta_T s_1^2 + A_3(\eta_T + 2w)s_2^2 + 4A_2 s_1 + M_1 s_2 + M_2 k + M_3}{4(3b_p + 2\beta_p)\mu a}$$

$$\gamma_{1\max}^{TS} = \frac{2A_1 \beta_p \eta_T s_1^2 + N_1 s_2^2 + N_2 s_1 + N_3 s_2 + N_4 k + N_5 + N_6}{4(4b_p^2 + 7b_p \beta_p + 2\beta_p^2)\mu a}$$

$M_1 = 8\beta_s b_p + 4\beta_s \beta_p + 4b_s \beta_p,$

$M_2 = -2(2b_p^2 + 4b_p \beta_p - \beta_p^2),$

$M_3 = 4(4b_p \beta_p - 2b_p^2 - \beta_p^2)c_1 + 4A_3 c_2 + 4[\mu b_p - (b_p + \beta_p) + 2\mu \beta_p]a,$

$N_1 = -16wb_p^3 - 2\eta_T \beta_p^3 - 2w\beta_p^3 - 48wb_p^2 \beta_p - 34wb_p \beta_p^2 - \eta_T b_p \beta_p^2,$

$N_2 = -16b_p^2 \beta_s - 4\beta_p^2 \beta_s - 12b_p \beta_p \beta_s + 8b_s \beta_p^2 + 8b_s b_p \beta_p,$

$N_3 = 4\beta_p^2(\beta_s + 3b_s) + 16(b_s + \beta_s)b_p^2 + 4b_p\beta_p(3\beta_s + 8b_s)$，

$N_4 = -24b_p\beta_p^2 - 12b_p^2\beta_p - 2\beta_p^3$，

$N_5 = (16b_p^2\beta_p + 8b_p^2\beta_p + 2\beta_p^3)c_1 - (48b_p^2\beta_p + 36b_p\beta_p^2 + 4\beta_p^3 + 8b_p^3)c_2$，

$N_6 = 4\beta_p^2 a + 4(2\beta_p^2 + 4b_p^2 + 7b_p\beta_p)\mu a + 4b_p\beta_p a$。

另外，$\gamma_{1\min}^B$，$\gamma_{1\max}^B$ 结果不再逐一列出。

证明：将命题 5.1 的均衡结果代入 d_1^N 中，令 $d_1^N \geq 0$、$d_2^N \geq 0$，可得 $\gamma_{1\min}^{TS} \leq \gamma_1$、

$\gamma_1 \leq \gamma_{1\max}^{TS}$，同理 Bertrand 竞争下可得 $\gamma_{1\min}^B$，$\gamma_{1\max}^B$。

分析：当 TA 产品 1 的潜在市场需求比例 γ_1 满足一定条件时，旅游产品 1 的线下和线上市场以及旅游产品 2 的线上市场需求非负，此时，OTA 获得的销售佣金与 TA 获得的服务报酬才能大于等于 0，合作才能成立。

二、策略分析

在满足合作条件成立的情况下，依据命题 5.1、命题 5.2 和结论 5.1 可得到不同博弈竞争下的结论 5.2 至结论 5.7 及推论 5.1 至推论 5.3。

结论 5.2：TA 与 OTA 的最优决策价格均与服务水平 s_1、s_2 呈正相关；且 s_1 对产品 1 的价格影响较大，s_2 对产品 2 的价格影响较大。

证明：由命题 5.1 可知，TA 领导的 Stackelberg 竞争中有：

$$\frac{\partial p_1^{TS*}}{\partial s_1} = \frac{\eta_T s_1}{2} + \frac{A_2}{2A_1} > 0 , \quad \frac{\partial p_2^{TS*}}{\partial s_2} = \frac{B_1 s_2 + 2B_3}{8A_1(b_p + \beta_p)} > 0 ,$$

$$\frac{\partial(p_1^{TS*} - p_2^{TS*})}{\partial s_1} = \frac{(2b_p + \beta_p)A_1\eta_T s_1 + I_1}{4A_1(b_p + \beta_p)} > 0 , \quad \frac{\partial(p_1^{TS*} - p_2^{TS*})}{\partial s_2} = \frac{I_2 s_2 + I_3}{8A_1(b_p + \beta_p)} < 0 。$$

$I_1 = 4b_p^2 b_s + 8b_p^2\beta_s + 6b_p b_s\beta_p + 12b_p\beta_p\beta_s + 2b_s\beta_p^2 + 3\beta_p^2\beta_s$，

$I_2 = -10b_p\beta_p\eta_O - 2b_p\beta_p\eta_T - \beta_p^2\eta_O - \beta_p^2\eta_T - 8b_p^2\eta_T$，

$I_3 = -24b_p\beta_p\beta_s - 6\beta_p^2\beta_s - 8b_p^2 b_s - 2b_s\beta_p^2 - 12b_p b_s\beta_p - 16b_p^2\beta_s$。

另外，Bertrand 竞争中价格与服务水平关系的证明方法同上，证毕。

由结论 5.2 可知，服务水平 s_1 的提高为 TA 带来服务成本压力，导致产品 1 价格提高；服务水平 s_2 的提高使 OTA 支付的服务报酬增加，导致产品 2 价格的提高，消费者在享受高服务水平的同时需要为其付费。可见，即使 TA 与 OTA 的包价游产品处于服务竞争中，消费者也难以享受免费服务。当 TA 降低服务水平为 s_1 时，TA 必将采取降价策略，而此时如果 OTA 也采用降价策略与之竞争，那么 OTA 的降价幅度比 TA 小；反之亦然，当 TA 为 OTA 提供的服务水平 s_2 提高时，OTA 必将采取提价策略，而此时 TA 也会采用提价策略进行竞争，但 TA 的提价幅度比 OTA 相对较小。

由结论 5.2 可得推论 5.1 和推论 5.2。

推论 5.1：在 Stackleberg 和 Bertrand 竞争下，当 $0 < \dfrac{\partial c(s_1)}{\partial s_1} < \dfrac{A_2}{A_1}$ 时，得 $\dfrac{\partial d_1}{\partial s_1} > 0$，

说明产品 1 总需求 d_1 随 TA 的服务水平 s_1 的提高而增加；反之，当 $\dfrac{\partial c(s_1)}{\partial s_1} \geq \dfrac{A_2}{A_1}$

时，得 $\dfrac{\partial d_1}{\partial s_1} \leq 0$，说明总需求 d_1 随 TA 的服务水平 s_1 的提高而减少。

分析：当 TA 边际服务成本较低时，随着服务水平 s_1 的提高，产品 1 价格升高（结论 5.2）。此时旅游产品服务水平 s_1 的提高对需求的促进作用超过了产品 1 价格的增加对需求的抑制作用，因此，TA 产品 1 的总需求 d_1 增加；当 TA 的边际服务成本较高时，随着服务水平 s_1 的提高，价格持续增长，此时产品 1 价格的增加对需求的抑制作用超过了服务水平 s_1 的提高对需求的促进作用，因此，TA 产品 1 的总需求 d_1 减少。综上分析可知，当 TA 的边际服务成本较高时，单纯提高其服务水平并不能增加总需求 d_1。

推论 5.2：在 Stackelberg 竞争下，当 $\dfrac{\partial c(s_1)}{\partial s_1} \geq -\dfrac{B_2}{A_1 \beta_1}$ 时，TA 获得的服务收益

$\Pi_{s_2}^T = [m(s_2) - c(s_2)] d_2^O$ 是 TA 服务水平 s_1 的增函数；同样地，在 Bertrand 竞争

下，当 $\dfrac{\partial c(s_1)}{\partial s_1} \geq -\dfrac{A_4}{A_3}$ 时，服务收益为服务水平 s_1 的增函数。

分析： 当 TA 的边际服务成本较高时，随着 TA 服务水平 s_1 的提高，TA 因服务成本压力增加使产品 2 的需求增加。OTA 的服务水平 s_2 不变时，TA 获得的服务收益也相应增加。

结论 5.3： 当 $s_1 \geq s_2$ 时，TA 服务成本 η_1 越高，TA 和 OTA 最优决策价格越高。

证明： 由命题 5.1 可知，TA 领导的 Stackelberg 竞争中有：

$$\frac{\partial p_1^{TS*}}{\partial \eta_T} = \frac{2A_1 s_1^2 - A_3 s_2^2}{8A_1}, \quad \frac{\partial p_2^{TS*}}{\partial \eta_T} = \frac{A_1 \beta_p s_1^2 + 4(b_p + \beta_p) b_p^2 s_2^2}{4A_1(b_p + \beta_p)},$$

当 $s_1 \geq s_2$ 时，$\dfrac{\partial p_1^{TS*}}{\partial \eta_T} > 0$，$\dfrac{\partial p_2^{TS*}}{\partial \eta_T} > 0$。

另外，Bertrand 竞争中价格与服务成本关系的证明方法同上，证毕。

由结论 5.3 分析可知，当 TA 由于道德风险为 OTA 提供的服务水平 s_2 不大于其自身服务水平 s_1 时，此时 OTA 为保持低价优势，应选择与较低服务成本的 TA 进行合作；随着 TA 服务成本系数 η_T 升高，其提供服务水平 s_1 的成本压力越大，最终体现决策价格的提高。

结论 5.4： TA 与 OTA 的最优决策价格与单位销售佣金呈正相关，且在 Bertrand 博弈中，单位销售佣金对 TA 的价格影响较大。

证明： 由命题 5.1 可知，TA 领导的 Stackelberg 竞争中有：

$$\frac{\partial p_1^{TS*}}{\partial k} = \frac{2b_p^2 + 4b_p \beta_p + 3\beta_p^2}{4A_1} > 0, \quad \frac{\partial p_2^{TS*}}{\partial k} = \frac{(10b_p^2 + 20b_p \beta_p + 7\beta_p^2)\beta_p}{8A_1(b_p + \beta_p)} > 0。$$

由命题 5.2 可知，在 Bertrand 竞争中有：

$$\frac{\partial p_1^{B*}}{\partial k} = \frac{C_3}{4b_p^2 + 8b_p \beta_p + 3\beta_p^2} > 0, \quad \frac{\partial p_2^{B*}}{\partial k} = \frac{5A_3}{8b_p^2 + 16b_p \beta_p + 6\beta_p^2},$$

$$\frac{\partial(p_1^{B*} - p_2^{B*})}{\partial k} = \frac{2b_p^2 - b_p \beta_p - \beta_p^2}{8b_p^2 + 16b_p \beta_p + 6\beta_p^2} > 0。$$

由结论 5.4 分析可知，随着 TA 支付的单位销售佣金 k 的增加，TA 产品的单位销售费用增高，最终表现为产品 1 价格的提高。此时 OTA 将选择提价策略与之竞争，导致产品 2 价格提高，且在 Bertrand 博弈中，OTA 的提价幅度小于 TA，反之亦然。

由结论 5.4 可得推论 5.3。

推论 5.3：在 Stackelberg 竞争下，当 $0<k\leq k_n^{TS}$ 时，OTA 获得的销售佣金为 k 的增函数，当 $k>k_n^{TS}$ 时，销售佣金为 k 的减函数，在 $k=k_n^{TS}$ 处取极大值。同样地，在 Bertrand 竞争下也可得同样结果。

由命题 5.1 得，当 $\dfrac{\partial \Pi_1^O}{\partial k}\geq 0$ 时，得 $k\leq k_n^{TS}$；当 $\dfrac{\partial \Pi_1^O}{\partial k}<0$ 时，得 $k>k_n^{TS}$。其中，

$$k_n^{TS}=\frac{G_1 s_1^2+G_2 s_2^2+G_3 s_1+G_4 s_2+G_5+G_6}{4\left(2b_p^2+4b_p\beta_p-\beta_p^2\right)},$$

$$G_1=\eta_o\beta_p^2-12b_p^2-6\beta_p^2-24b_p\beta_p,$$

$$G_2=3\left(\beta_p^2+b_p\beta_p\right)+\eta_o b_p\beta_p,$$

$$G_3=8b_s\left(\beta_p+b_p\right)+4\beta_s\left(\beta_p+2b_p\right),$$

$$G_4=4\left(b_s-\beta_s\right)\beta_p-8\beta_s b_p,$$

$$G_5=4\left(b_p\beta_p+\beta_p^2\right)c_2-20\beta_p^2-40b_p^2-80b_p\beta_p,$$

$$G_6=4\left(2\beta_p+b_p\right)\mu a+4\left(2\beta_p+3b_p\right)\gamma_1\mu a-4\left(\beta_p+b_p\right)a。$$

同样，在 Bertrand 竞争中也可得到 k_n^B，这里不再表述。

推论 5.3 说明：随着单位销售佣金 k 的增大，有 $\dfrac{\partial p_1^*}{\partial k}>0$ 成立。此时，单位销售佣金 k 的提高对销售佣金的积极作用大于由价格增加导致需求减少的抑制作用，使销售佣金呈上升趋势。另外，当 $k>k_n$ 时，旅游产品 1 的价格的增加对需求的抑制作用增大，使 OTA 获得的销售佣金逐渐减少。

结论 5.5：TA 和 OTA 最优决策价格与 OTA 的单位服务报酬系数 w 呈正相关，且对 OTA 价格影响较大。

证明：证明方法同结论 5.2。

由结论 5.5 分析可知，单位服务报酬系数 w 的提高使 OTA 增加了服务报酬支出，相应地，OTA 的价格也会增加。此时，TA 会采用提价策略与之竞争，但其提价幅度比 OTA 小，反之亦然。

结论 5.6：当 $0 < \dfrac{\partial c(s_1)}{\partial s_1} \leq B_0$ 时，OTA 的价格随 TA 服务水平 s_1 的提高而降低。

证明：由命题 5.1 可知，TA 领导的 Stackelberg 竞争中有：

令 $\dfrac{\partial p_2^{TS*}}{\partial s_1} = \dfrac{A_1 \beta_p \eta_T s_1 + B_2}{4A_1(b_p + \beta_p)} \leq 0$ 得 $\eta_T s_1 \leq -\dfrac{B_2}{A_1 \beta_p}$，即 $\dfrac{\partial c(s_1)}{\partial s_1} \leq -\dfrac{B_2}{A_1 \beta_p}$，

因此，$B_0 = -\dfrac{B_2}{A_1 \beta_p}$；

同理在 Bertrand 竞争中得到：$B_0 = -\dfrac{A_4}{A_3}$。

由结论 5.6 分析可知，OTA 产品价格不仅受 TA 服务水平的影响，还受 TA 边际服务成本的影响。当 TA 边际服务成本较低时，随着服务水平 s_1 的提高，TA 服务优势明显，服务水平 s_2 保持不变的 OTA 会采取降价策略来与之竞争。

结论 5.7：存在一个 TA 的单位销售佣金阈值，满足：

（1）如果 $k > k_0$，那么 $p_1^{TS*} < p_1^{B*}$，$p_2^{TS*} < p_2^{B*}$，如果 $k = k_0$，那么 $p_1^{TS*} = p_1^{B*}$，$p_2^{TS*} = p_2^{B*}$，如果 $k < k_0$，那么 $p_1^{TS*} > p_1^{B*}$，$p_2^{TS*} > p_2^{B*}$。

（2）如果 $k > k_0$，那么 $d_1^{TS*} > d_1^{B*}$，$d_2^{NTS*} < d_2^{NB*}$，如果 $k = k_0$，那么 $d_1^{TS*} = d_1^{B*}$，$d_2^{NTS*} = d_2^{NB*}$，如果 $k < k_0$，那么 $d_1^{TS*} < d_1^{B*}$，$d_2^{NTS*} > d_2^{NB*}$。

（3）如果 $k \neq k_0$，那么 $\Pi^{T^{TS*}} > \Pi^{T^{B*}}$。

其中，

$$k_0 = \frac{T_1 s_1^2 + T_2 s_2^2 + T_3 s_1 + T_4 s_2 + T_5}{2\beta_p(\beta_p^2 - 4b_p\beta_p - 2b_p^2)}$$

$$T_1 = 4\eta_T\beta_p b_p^2 + 8\eta_T b_p \beta_p^2 + 2\eta_T\beta_p^3$$

$$T_2 = 12(\eta_O - \eta_T)\beta_p b_p^2 - 9\eta_T b_p \beta_p^2 + 7\eta_O b_p \beta_p^2 + 4(\eta_O - \eta_T)b_p^3 - (\eta_O + \eta_T)\beta_p^3$$

$$T_3 = -8b_p b_s \beta_p - 8b_p \beta_s \beta_p - 4\beta_s \beta_p^2 - 8b_s \beta_p^2$$

$$T_4 = 8b_p \beta_s \beta_p + 4(\beta_s - b_s)\beta_p^2$$

$$T_5 = 4(4b_p \beta_p^2 + \beta_p^3 + 2\beta_p b_p^2)c_1 + 4b_p \beta_p \mu a - 4\beta_p^2 a - 4(\beta_p^3 + b_p \beta_p^2)c_2 - 4b_p \beta_p a - 4b_p \beta_p \gamma_1 a。$$

证明：（1）令 $k = k_0 + t$，由命题 5.1、命题 5.2 可得：

$$p_1^{TS*} - p_1^{B*} = \frac{-(2b_p^2 + 4b_p \beta_p - \beta_p^2)\beta_p^2 t}{4(2b_p^2 + 4b_p \beta_p + \beta_p^2)(2b_p + \beta_p)(2b_p + 3\beta_p)},$$

$$p_2^{TS*} - p_2^{B*} = \frac{-(2b_p^2 + 4b_p \beta_p - \beta_p^2)\beta_p^3 t}{8(b_p + \beta_p)(2b_p^2 + 4b_p \beta_p + \beta_p^2)(2b_p + \beta_p)(2b_p + 3\beta_p)}。$$

显然，可得结论 5.7 中（1）的结果。

（2）令 $k = k_0 + t$，由命题 5.1、命题 5.2 和式（5-1）～式（5-4）可得：

$$d_1^{TS*} - d_1^{B*} = \frac{(2b_p^2 + 4b_p \beta_p + \beta_p^2)(2b_p^2 + 4b_p \beta_p - \beta_p^2)\beta_p^2 t}{4(2b_p^2 + 4b_p \beta_p + \beta_p^2)(b_p + \beta_p)(2b_p + \beta_p)(2b_p + 3\beta_p)},$$

$$d_2^{NTS*} - d_2^{NB*} = \frac{-(2b_p^2 + 4b_p \beta_p - \beta_p^2)\beta_p^3 t}{8(2b_p^2 + 4b_p \beta_p + \beta_p^2)(2b_p + \beta_p)(2b_p + 3\beta_p)}。$$

显然，可得结论 5.7 中（2）的结果。

（3）令 $k = k_0 + t$，由命题 5.1、命题 5.2 和式（5-7）可得：

$$\Pi^{T^{TS*}} - \Pi^{T^{B*}} = \frac{(2b_p^2 + 4b_p \beta_p - \beta_p^2)^2 \beta_p^4 t^2}{4(2b_p^2 + 4b_p \beta_p + \beta_p^2)(b_p + \beta_p)(2b_p + \beta_p)^2(2b_p + 3\beta_p)^2} \geq 0。$$

当 $k \neq k_0$ 时，显然 $\Pi^{T^{TS*}} > \Pi^{T^{B*}}$。

由结论 5.7 的（1）可知：当 TA 的单位销售佣金大于某一阈值 k_0 时，Stackelberg 竞争下 TA 和 OTA 产品的价格均小于 Bertrand 竞争下的情形。可见，如果双方建立销售和服务合作，当 TA 的单位销售佣金较高时，选择 Stackelberg 竞争能降低双方的价格。如果 OTA 坚持与 TA 保持平等地位，那么不得不以升高价格为代价。

由结论 5.7 的（2）可知：当 TA 的单位销售佣金 k 较高时，OTA 选择 Bertrand 竞争比 Stackelberg 竞争下的需求大；而当 k 较低时，OTA 选择 Stackelberg 竞争能提高包价游产品 2 的需求。

由结论 5.7 的（3）可知：除了 $k = k_0$ 时收益相同，其余情形下 TA 在 Stackelberg 竞争下的收益总是大于 Bertrand 竞争下的收益，故作价格的领导者是 TA 的占优策略。

第五节　算例分析

上一节分析了不同博弈竞争下销售与服务合作下，TA 和 OTA 的定价策略。为了进一步分析 TA 与 OTA 的收益以及 OTA 对 Stackelberg 或 Bertrand 竞争的偏好，通过算例对其进行研究。另外，对模型结果是否受潜在市场需求的影响也进行了检验。考虑到 TA 与 OTA 的合作参考较少且数值分析多是假设状态下的分析结果，根据肖剑等（2010）和 Wu（2012）对本节的参数进行赋值，且这些参数值均满足结论 5.1 的合作条件。取参数 $\mu = 0.6$，$b_p = 4$，$\beta_p = 2$，$b_s = 3$，$\beta_s = 1$，$c_1 = 5$，$c_2 = 4$，$s_1 = 2$，$s_2 = 1$，$\eta_1 = 3$，$w = 3$，$\gamma_1 = 0.4$，$\gamma_2 = 0.6$。运用 MATLAB 软件，数值分析的结果如图 5-1~图 5-8 所示。

一、单位销售佣金与 OTA 收益分析

在分析单位销售佣金对 OTA 收益影响前，本节先分析了潜在市场需求与单位销售佣金的关系。当其他的参数保持不变，根据不同竞争结构下结论 5.1 的合作条件，可以得到不同博弈竞争下潜在市场需求 a 和单位销售佣金 k 之间的关系，如表 5-1 所示。

表 5-1   不同博弈竞争下 a 和 k 的可能取值范围

博弈结构	Stackelberg 博弈	Bertrand 博弈
可能取值范围	$0 < k \leqslant -19.5 + 0.1 \times a$ $0 < k \leqslant -18.3 + 0.3 \times a$	$0 < k \leqslant -19.8 + 0.1 \times a$ $0 < k \leqslant -18.2 + 0.3 \times a$

由表 5-1 可知，可以得到两种博弈竞争结构下 a 和 k 的取值范围（见图 5-1）。当潜在市场需求增加 a 时，单位销售佣金 k 也增加。这是因为潜在市场需求的增加，为了开通线上市场，TA 能够承受更多的销售佣金。

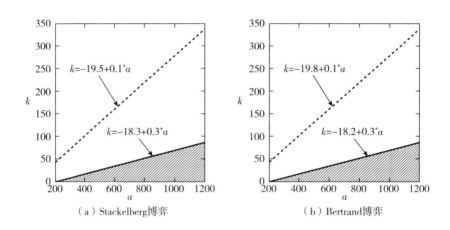

图 5-1   不同博弈竞争下 a 和 k 的可能取值区域

由表 5-1 和图 5-1 可知，当 $a = 300$，$a = 600$ 或 $a = 1200$ 时，可取值范围内单位销售佣金 k 对 OTA 收益的影响（见图 5-2）。从图 5-2（a）~（c）可以看出，在可取值范围内，单位销售佣金对 OTA 收益的影响趋势大致相同，潜在市场需求 a 的变化仅仅改变了 OTA 收益 Π^o 的大小。随单位销售佣金 k 的增大，OTA 收益先增大后减小，由推论 5.3 可知，随着 k 的增大，销售佣金先增大后减少，引起了 OTA 总收益呈先上升后下降趋势；当 $k < k_m$（k_m 是不同博弈竞争结构下 OTA 收益的交点）时，Stackelberg 竞争下 OTA 获利较多，OTA 偏好 Stackelberg 竞争；当 $k > k_m$ 时，Bertrand 竞争下 OTA 获利更多；当 $k = k_m$ 时，两种竞争下 OTA 收益相同，也即竞争偏好无差别。可见当单位销售佣金较小时，TA 的在线销售成本较低，此时 OTA 倾向做 TA 的跟随者。

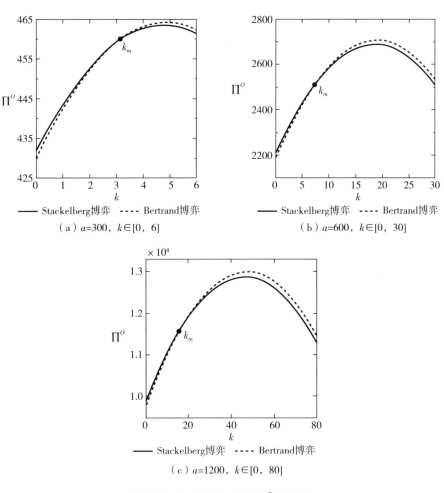

图 5-2 k 对 OTA 收益 Π^o 的影响

二、销售合作下的收益分析

当其他参数保持不变，根据 Stackelberg 博弈下结论 5.1 的合作条件，产品 1

线上市场的潜在需求比例 γ_1 与单位销售佣金 k 之间的取值范围关系式如表 5-2 所示。

表5-2　不同潜在市场需求下 γ_1 和 k 的可能取值范围

潜在市场需求	$a=300$	$a=600$	$a=1200$
可能取值范围 (γ_1, k)	$0<k\leqslant-31.5+96\times\gamma_1$	$0<k\leqslant-43.5+192\times\gamma_1$	$0<k\leqslant-67.5+384\times\gamma_1$
	$0<k\leqslant117.6-117.5\times\gamma_1$	$0<k\leqslant253.6-235.1\times\gamma_1$	$0<k\leqslant525.4-470.2\times\gamma_1$

根据表 5-2 的取值范围，图 5-3 的阴影部分为 γ_1 和 k 可取值的区域，其中，Area1~Area3 是本节数值分析中所采用的区域。

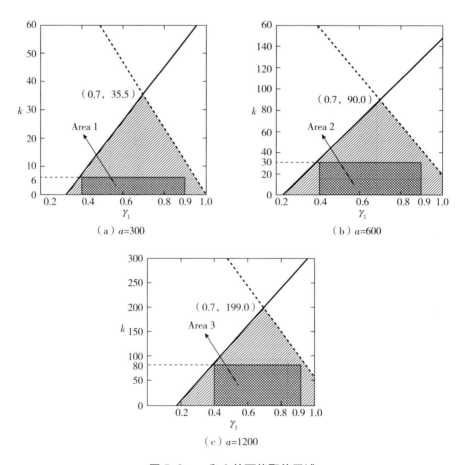

图5-3　γ_1 和 k 的可能取值区域

当 γ_1 和 k 处于 Area1～Area3 时，可以得到 TA 与 OTA 的收益，分别如图 5-4 和图 5-5 所示。

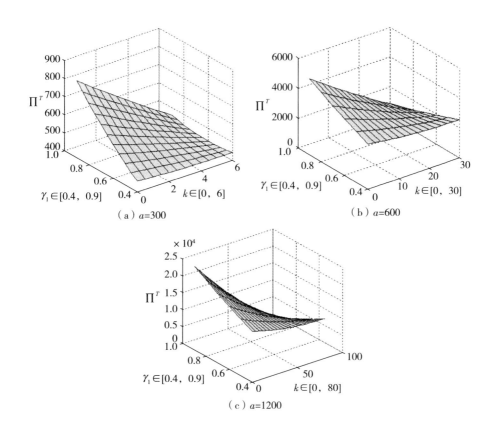

图 5-4 γ_1 和 k 对 TA 收益 Π^T 的影响

从图 5-4（a）～（c）和图 5-5（a）～（c）可以看出，TA 和 OTA 收益的总体变化趋势相同。然而，随着潜在市场需求 a 的增加，单位销售佣金 k 的可取值范围上升，Π^T 和 Π^O 的变化程度不同。由图 5-4 可以看出，随着 γ_1 的增大，k 对 TA 收益的影响由"U"形转变为下降形，且下降趋势越来越明显。由图 5-5 和图 5-2 可以看出随着 γ_1 的增大，OTA 的收益随单位销售佣金 k 增大逐渐由"倒 U"形转变为上升形。究其原因：根据推论 5.3，销售佣金极大值对应下的

k_n^{TS} 随着 γ_1 的增加而逐渐增大，因此，当 γ_1 增大时，销售佣金随 k 的增大逐渐呈上升趋势，进而导致 TA 收益的下降趋势和 OTA 收益的上升趋势；此时，随产品 1 线上市场的潜在需求比例 γ_1 的增大，一方面产品 1 线上销量的增加导致销售佣金的增大，另一方面销售佣金占双方收益的比例逐渐增大，两个方面的共同作用使图 5-4 中 TA 收益的下降趋势以及图 5-5 中 OTA 收益的上升趋势明显。

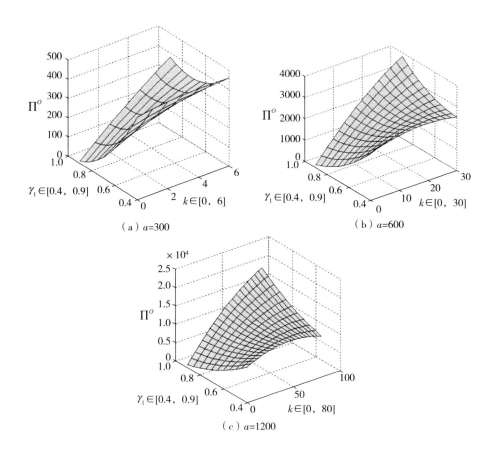

（a）$a=300$

（b）$a=600$

（c）$a=1200$

图 5-5　γ_1 和 k 对 OTA 收益 Π^o 的影响

由图 5-4 和图 5-5 可以看出随着 k 的增大，TA 的收益随 γ_1 的增大由上升形转变为下降形，OTA 的收益随 γ_1 的增大由下降形转为上升形。这是因为随着 k

的增大，TA 产品 1 的价格渐渐小于单位销售佣金和产品 1 成本之和，即其产品 1 线上市场单位净收益由大于零转为小于零，此时，γ_1 增加，即线上销量的上升，与单位净收益的共同作用导致 TA 的收益由上升转为下降趋势。随着 γ_1 的增大，一方面，产品 1 为 OTA 产品 2 带来的竞争损失越大；另一方面，销售佣金逐渐成为 OTA 收益的主要来源，而随 k 的不断增大，线上销售佣金的增加逐渐弥补了竞争损失，进而使其收益由下降转为上升型。因此，TA 应在其产品线上市场的潜在需求比例较高时，选择 OTA 建立低单位销售佣金的销售契约，而 OTA 索要的单位销售佣金 k 应与产品 1 线上市场的潜在需求比例 γ_1 相关，而不是一味地要求 TA 支付高单位销售佣金。

三、服务合作下的收益分析

当其他参数保持不变，根据 Stackelberg 博弈下结论 5.1 的合作条件，服务水平 s_2 与单位服务报酬比例 w 之间的取值范围关系式如表 5-3 所示。

表 5-3　不同潜在市场需求下 s_2 和 w 的可能取值范围

潜在市场需求	$a = 300$	$a = 600$	$a = 1200$
可能取值范围 (s_2, w)	$w \geqslant -0.7/s_2^2 + 0.7/s_2 - 1.5$ $w \leqslant 18.5/s_2^2 + 0.7/s_2 - 0.02$	$w \geqslant -132.7/s_2^2 + 0.7/s_2 - 1.5$ $w \leqslant 40.9/s_2^2 + 0.7/s_2 - 0.02$	$w \geqslant -396.7/s_2^2 + 0.7/s_2 - 1.5$ $w \leqslant 85.6/s_2^2 + 0.7/s_2 - 0.02$

考虑到道德风险和服务能力，TA 将不会为 OTA 提供比自身高的服务。根据表 5-3 的取值范围和 $w \geqslant \eta_T/2 = 1.5$，图 5-6 的阴影部分为 s_2 和 w 可取值的区域，其中，District 1 ~ District 3 和 $s_2 \in [0, 1]$ 是本节数值分析中所采用的区域。

当 s_2 和 w 处于 District 1 ~ District 3 和 $s_2 \in [0, 1]$ 区域时，可以得到 TA 与 OTA 的收益，分别如图 5-7 和图 5-8 所示。

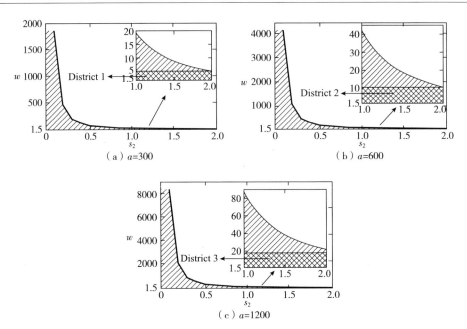

（a）a=300   （b）a=600

（c）a=1200

图 5-6　s_2 和 w 的可能取值区域

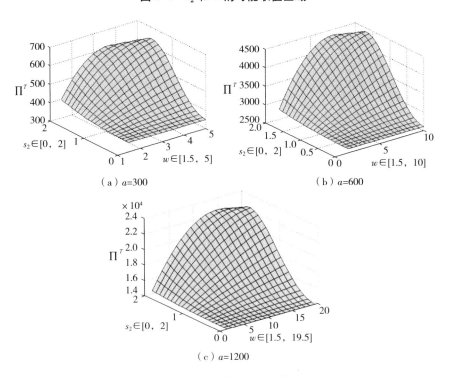

（a）a=300   （b）a=600

（c）a=1200

图 5-7　w 和 s_2 对 TA 收益 Π^T 的影响

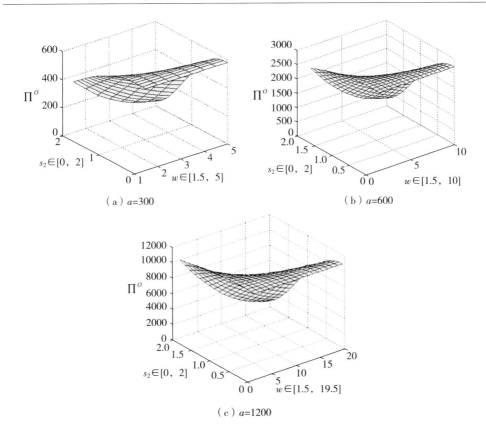

（a）$a=300$

（b）$a=600$

（c）$a=1200$

图 5-8　w 和 s_2 对 OTA 收益 Π^O 的影响

由图 5-7（a）～（c）和图 5-8（a）～（c）可以看出，潜在市场需求 a 的变化并未影响 Π^T 和 Π^O 的整体变化趋势，仅仅改变了 Π^T 和 Π^O 的大小。由图 5-7 可以看出，随着 w 的增加，s_2 对 Π^T 的整体影响趋势是上升的。然而，当 s_2 和 w 较大时，Π^T 稍有下降。由图 5-8 可以看出，随着 w 的增加，s_2 对 Π^O 的整体影响趋势是先上升后下降。然而，当 s_2 和 w 较大时，Π^O 稍有上升。究其原因：当 s_2 在 0 附近小范围内增加时，TA 获得的服务报酬小于由服务竞争而导致的损失，进而使其整体收益下降，此时 OTA 可以从服务竞争中获益，使收益曲线有较小幅度的上升；当 s_2 在 0 附近小范围内之后大幅度增加时，产品 1 与产品 2 的服务竞争增强，相比 OTA，TA 的服务成本较低，致使 TA 和 OTA 的收益分别呈上升和下降趋势。当 s_2 接近最大值时，较大的 s_2 和 w 使 OTA 的价格增长速度比 TA 快，较快的价格增长补偿了服务竞争的损失。通过分析 TA 和 OTA 的收益变化，OTA 选择 TA 为其旅游产品提供服务时，应缔结低服务水平较低且单位服务报酬系数较低的契约。

图 5-1~图 5-8 主要针对以 OTA 为领导的 Stackelberg 竞争情形进行讨论，由于对 Bertrand 竞争环境分析，也可得到类似的结论，限于篇幅在此不再赘述。

本章小结

为了消除或减弱 TA 与 OTA 的竞争以发挥双方的资源优势，构建了双方基于线上销售和线下服务合作共同实现 O2O 模式的竞争模型，对 TA 领导的 Stackelberg 博弈和双方地位均等的 Bertrand 博弈下的合作条件、定价策略，收益结构进行了分析与比较。研究结果体现在以下四个方面：①当 TA 包价游产品线上市场的需求比例足够大且不超出一定范围时，合作才能达成；②TA 与 OTA 的产品价格受服务水平、单位销售佣金和单位服务报酬系数的影响，且对 TA 和 OTA 的产品价格的影响幅度不同；③当 TA 为 OTA 提供的服务低于其自身服务时，TA 的服务成本与 OTA 的定价呈正相关，OTA 选择较低服务成本的 TA 进行服务合作可保持其低价策略；④当单位销售佣金大于其阈值时，Bertrand 竞争下双方产品的价格均大于 Stackelberg 竞争下的情形；无论单位销售佣金如何变动，选择作价格的领导者是 TA 的占优策略。

另外，在 TA 与 OTA 通过合作实现 O2O 模式过程中，价格受到多种因素的制约，双方如果采用低价策略，那么应严格控制合作中影响价格因素的大小。

TA 应在其产品线上市场的潜在需求比例较大时，与 OTA 建立低单位销售佣金的销售合作关系，才能在线上销售合作中获益；OTA 应与 TA 建立低服务水平与低单位服务报酬系数的服务合作关系，才能在线下服务合作中获得收益。研究结果可为 TA 与 OTA 在合作实现 O2O 模式中确定价格和缔结契约提供理论支撑。

第六章　信息不对称下旅行社共创O2O模式的服务合作契约策略

第一节　引　言

在第五章中，讨论了信息对称双向委托代理下，TA 与 OTA 发挥互补性资源优势，共创 O2O 模式的销售和服务合作方式下的策略。在本章，讨论信息不对称下，OTA 单向委托 TA 提供线下服务，双方建立服务合作方式下共创 O2O 模式下的契约策略。

面对在线旅游市场激烈的竞争，OTA 想要增强其竞争力，利用 TA 的门店、服务资源优势发展 O2O 模式是实施差异化战略的重要选择。与 TA 建立服务合作可以降低 OTA 发展线下市场的运营成本，使 OTA 专注于线上市场的销售运营，进而提升整体的竞争优势。现有关于服务合作的研究多集中在供应链领域，认为服务合作不仅能减弱网络和零售渠道之间的竞争，还能改善供应链收益。例如，肖剑等（2010）提出，制造商将网络渠道的服务交由零售商完成，并研究了双方服务合作下的定价策略；He 等（2020）考虑 CSR，研究由负责碳减排和服务的服务提供商和负责低碳广告的服务集成商组成的服务供应链，结果表明双向契约合同（同时分担减排成本和服务成本）能够使整个服务供应链及其成员受益。王威昊和胡劲松（2021）通过研究传统电商自己在线下开设体验店以及和现有的体验店合作两种情形下的最优价格和服务决策问题，发现成本分担合同可以提升供应链成员的利益，实现帕累托改进。周永务等（2022）研究了仅制造商分担零售商售后服务成本的同时零售商也分担制造商的产品质量成本两种情形下成本分担契约合同对产品价格、质量、售后服务以及利益的影响。江玉庆等（2022）在全渠道背景下，也研究了成本分担如何协调供应链的问题。Amrouche 等（2023）研究了缓解 O2O 竞争的各种服务策略和有价值的协调机制，指出将合作机制（收益共享）和差异化战略（由零售商支付的线下服务）结合起来，形成具有竞争优势的新机制来协调 O2O 竞争。以上文献均基于完全信息背景，未涉及信息不对称下的服务合作机制问题。金亮等（2017a，2017b）考虑线下实体店体验服务成本和努力信息不对称情况，尽量研究"线下体验+线上销售"的零售商 O2O 模式佣金契约设计问题，但却认为实体店与线上零售分别对消费者购买决策产生影响，难以突出双方合作共创 O2O 模式的整体性。陈雪等（2021）也考虑了制造商、零售商需求信息不对称情况，发现零售商信息共享或者零售商信息不共享但制造商风险规避因子较低两种条件下，成本分担有利于供应链成员，并且在任何条件下，成本分担都有利于增加消费者剩余及社会福利。Zhu 等（2023）考虑酒店和 OTA 信息不对称情况下，发现当酒店存在过程公平关切时，OTA 把佣金决定权让渡给酒店。

在共创 O2O 模式的管理实践中，由于 OTA 与 TA 各个成员利益相对独立，私有信息较难公开，TA 常常会隐匿自身服务信息的行为，以获取更高的利益。因此，在 TA 与 OTA 共创 O2O 模式中存在信息不对称的情形。鉴于此，本章拟在 TA 服务能力信息不对称的框架下，以 OTA 与 TA 建立线下服务合作共创的

O2O模式整体为研究对象，考虑OTA进行线上销售，TA进行线下服务，兼顾线上线下对销量的共同作用，研究逆向选择和道德风险并存情况下的OTA如何采用合理的服务报酬契约策略以激励TA参与共创O2O模式的积极性，并提高其服务努力水平，另外，研究了信息不对称对服务报酬契约、服务努力及TA与OTA期望收益的影响，为相关OTA与TA建立服务合作契约提供理论指导。

本章内容如下：第二节对服务信息不对称产生的原因和风险进行了简要说明；第三节建立了OTA与TA共创O2O模式的服务合作模型；第四节研究了TA服务能力为高低两种类型下，信息对称和不对称下OTA的契约决策和TA的服务决策，以及TA服务能力为连续型时，信息不对称下双方的决策；第五节用算例对本章的相关结论进行了验证；最后是本章小结。

第二节　服务信息不对称产生的原因及风险

一、信息不对称产生的原因

OTA与TA进行服务合作共创O2O模式过程中，OTA始终处于信息劣势一方，而TA占据着服务信息的优势，产生的原因主要分为以下两个方面：

1. 信息产生的非均衡性

信息的产生和发布都源于个体，而个体的特性决定着信息产生的非均衡性，导致信息不对称现象的存在。TA的门店信息、门店服务人员结构、知识水平、历史投诉、响应性等都会产生服务方面的信息，服务信息的产生方即TA具有相关信息的优势，TA 隐藏或提供虚假信息的行为，使 OTA 无法获取对其经济利益有关的信息，因而 OTA 处于信息劣势方。

2. 信息的私有性

信息的私有性是指信息获取者不需要支付成本即可获得信息的特性。在 OTA 与 TA 服务合作过程中，由于 TA 拥有大量关于服务方面的信息，从而占据信息优势，而 OTA 则需要花费一定的时间、精力和成本才能获知 TA 的部分信息，因此这些信息成本造成了 OTA 搜寻信息的障碍，从而产生 OTA 与 TA 对服务信息的不对等现象。

二、信息不对称产生的风险

TA 拥有大量的服务信息，如果 OTA 想要获取这些信息，那么需付出一定的成本，除此之外，TA 还有可能利用手中的私有信息采取一些对自身有利的行为，如故意隐瞒、误报等，都会对共创 O2O 模式造成损失，从而导致共创 O2O 模式失败，因此，服务信息的不对称风险因素主要有以下两点：

1. 事前隐藏服务信息的风险

TA 的服务能力、成本以及服务水平等信息属于自身的私有信息和核心资源，出于保持自身核心竞争力的考虑，TA 不愿在合作共创 O2O 模式之初把信息过多地透露给 OTA，这种事前隐藏服务信息的机会主义行为导致 OTA 并不能完全了解 TA 的真实服务水平与能力，致使 OTA 很难选择出合适的 TA 为其提供合理的线下服务。

2. 事后隐藏服务行动的风险

TA 为了自身利益最大化，在与 OTA 建立服务合作后做出隐藏自身行动的机会主义行为。OTA 与 TA 建立服务合作后，共创 O2O 模式的线下服务完全由 TA 提供，监控成本的存在使 OTA 很难对 TA 的服务行为进行实时监控，TA 为了实现自身利益最大化，可能采取不利于 OTA 的服务行为，使 OTA 在与 TA 共创 O2O 模式过程中收益受损。

第三节　问题描述及假设

本章以 OTA 委托 TA 提供线下服务，构成线上销售和线下服务相结合的 O2O 模式为研究对象，其中，OTA 通过线上销售该旅游产品，TA 为 OTA 的旅游产品提供线下服务，如建议、咨询、场景体验等。在双方共创 O2O 模式中，OTA 做线上销售努力，销售能力为 s_O，销售努力为 e_O，借鉴江玉庆等（2022）的研究，销售努力成本为 $c(e_O) = \eta_O e_O^2/2$，其中，η_O 表示 OTA 的销售成本系数。TA 做线下服务努力，s_T 表示服务能力，e_T 表示服务努力，借鉴肖剑等（2010）和李佩等（2020）的研究，服务努力成本为 $c(e_T) = \eta_T e_T^2/2$，其中，η_T 为 TA 的服务成本系数。同时，TA 的服务能力及服务努力均为其私有信息，OTA 难以观测，类似与 Li 等（2013）二元分布的研究，假设 TA 的服务能力存在两种可能：高服务能力 s_{TH} 和低服务能力 s_{TL}，且 $s_{TH} > s_{TL}$。不对称信息的情况下，OTA 不清楚 TA 的服务能力，仅知晓 TA 为高服务能力类型的概率和低服务能力类型的概率分别为 ρ 和 $1-\rho$。

双方共创 O2O 模式的销量同时受 OTA 线上销售和 TA 线下服务的影响，其销量为：

$$q = f(s_O, e_O) + g(s_T, e_T) + u(\theta) + \xi \tag{6-1}$$

其中，$f_{s_O} > 0$，$f_{s_O s_O} \leq 0$，$f_{e_O} > 0$，$f_{e_O, e_O} \leq 0$，$g_{s_T} > 0$，$g_{s_T s_T} \leq 0$，$g_{e_T} > 0$，$g_{e_T, e_T} \leq 0$，

$u_\theta > 0$，$u_{\theta\theta} \leq 0$，ξ 服从正态分布 $\xi \in N(0, \sigma^2)$。

在本章中将其简化为 $f(e_O) = s_O e_O$，$g(e_T) = s_T e_T$，$u(\theta) = \theta$，从而得到 $q = s_O e_O + s_T e_T + \theta + \xi$，假设旅行社共创 O2O 模式的收益与其销量成正比线性关系，得到 $\Pi(q) = s_O e_O + s_T e_T + \theta + \xi$，假设 OTA 支付给 TA 的服务报酬契约为 (a, b)，其中，a 表示固定支付；b 表示服务报酬率，表示 OTA 支付给 TA 的收益共享比例。因此，在给定 (a, b) 下，OTA 支付 TA 的服务报酬为 $T(q) = a + b\Pi(q)$。

根据上述模型假设，得到 OTA 的收益函数为：

$$\Pi_O = \Pi(q) - T(q) - c(e_O) = (1-b)(s_O e_O + s_T e_T + \theta + \xi) - a - \eta_O e_O^2/2 \qquad (6-2)$$

假设 OTA 是风险中性的，其效用与期望收益相等，则 OTA 的期望收益为：

$$E\Pi_O = (1-b)(s_O e_O + s_T e_T + \theta) - a - \eta_O e_O^2/2 \qquad (6-3)$$

同时，得到 TA 的收益为：

$$\Pi_T = T(q) - c(e_T) = a + b(s_O e_O + s_T e_T + \theta + \xi) - \eta_T e_T^2/2 \qquad (6-4)$$

假设 TA 的效用函数采用负指数效用函数 $U_T(\Pi_T) = -e^{-r\Pi_T}$ 表示，其中，r 表示风险规避系数（$r > 0$、$r = 0$ 和 $r < 0$ 分别表示 TA 为风险规避、风险中性和风险喜好）。采用确定性等价量 W 求得 TA 的期望收益为：

$$E\Pi_T = a + b(s_O e_O + s_T e_T + \theta) - \eta_T e_T^2/2 - r\sigma^2 b^2/2 \qquad (6-5)$$

第四节 服务合作契约策略分析

本节针对 OTA 与 TA 建立服务合作形成的 O2O 模式，研究信息不对称下 OTA 契约策略问题。用上标"N"表示对称信息下的均衡策略，用上标"S"表示 TA 服务能力为离散型时的均衡策略，用上标"C"表示 TA 服务能力为连续型时的均衡策略。

一、信息对称情况下的策略分析

在服务能力信息对称的情况下，OTA 完全知晓 TA 的服务能力类型 $s_{Ti}(i=H,L)$。此时，当 TA 为服务能力类型 i 时，同时给定服务报酬契约（a_i^N，b_i^N）和销售努力 e_{Oi}^N，可分别得到 OTA 与 TA 的期望收益函数为 $E\Pi_O(a_i^N,b_i^N)$ 和 $E\Pi_{Ti}(a_i^N,b_i^N)$，进一步得到优化问题 P1 为：

$$\begin{cases} \max\limits_{a_i^N,b_i^N,e_{Oi}^N} E\Pi_O = (1-b_i^N)\left(s_O e_{Oi}^N + s_{Ti} e_{Ti}^N + \theta - a_i^N - \dfrac{\eta_O e_{Oi}^{N\,2}}{2}\right) \\ \text{s. t. } (IR\text{-}i)\ a_i^N + b_i^N (s_O e_{Oi}^N + s_{Ti} e_{Ti}^N + \theta) - \dfrac{\eta_T e_{Ti}^{N\,2}}{2} - \dfrac{r\sigma^2 (b_i^N)^2}{2} \geqslant \underline{\Pi}_T \end{cases} \tag{6-6}$$

其中，

$$e_{Ti}^N = \underset{e_T}{\arg\max}\left[a_i^N + b_i^N (s_O e_{Oi}^N + s_{Ti} e_{Ti}^N + \theta) - \dfrac{\eta_T e_{Ti}^{N\,2}}{2} - \dfrac{r\sigma^2 (b_i^N)^2}{2}\right] \tag{6-7}$$

在上述优化问题中，OTA 以最大化期望收益为目标，约束式（IR）为 TA 参与共创 O2O 模式的理性约束，表示 TA 与 OTA 合作共创 O2O 模式的期望收益不能低于其保留收益 $\underline{\Pi}_T$；式（6-7）表示 TA 根据 OTA 确定的服务报酬与销售努力，以自身最大化为目标，决策自身的服务努力水平。采用逆向归纳法求解上述优化问题得到命题 6.1。

命题 6.1：在对称信息下，给定 TA 的服务能力类型 i，可得到 OTA 的最优服务报酬（a_i^{N*}，b_i^{N*}）、销售努力 e_{Oi}^{N*} 以及 TA 的服务努力 e_{Ti}^{N*} 为：

$$b_i^{N*} = \dfrac{s_{Ti}^2}{s_{Ti}^2 + \eta_T r\sigma^2} \tag{6-8}$$

$$a_i^{N*} = \underline{\Pi}_T - \left(\dfrac{s_O^2}{\eta_O} + \theta\right) b_i^{N*} + \dfrac{1}{2}\left(r\sigma^2 - \dfrac{s_{Ti}^2}{\eta_T}\right)(b_i^{N*})^2 \tag{6-9}$$

$$e_{Oi}^{N*} = \frac{s_O}{\eta_O} \tag{6-10}$$

$$e_{Ti}^{N*} = \frac{s_{Ti}^3}{\eta_T(s_{Ti}^2 + \eta_T r \sigma^2)} \tag{6-11}$$

命题 6.1 表明:

(1) OTA 对 TA 的服务报酬率与 TA 的服务努力成本系数 η_T、市场不确定性程度 σ^2、风险规避程度 r 成反比。

(2) 一方面,旅游市场规模 θ 的扩大导致 OTA 对 TA 的固定支付减少;另一方面,旅游市场规模越小,OTA 对 TA 的固定支付越高,以激励 TA 参与合作共创 O2O 模式的积极性。

(3) 当 OTA 的销售能力 s_O 较低或销售成本 η_O 较高时,OTA 也将增加对 TA 的固定支付,增加 TA 共创 O2O 模式的积极性;OTA 的销售能力或销售成本仅影响了 OTA 对 TA 的固定支付 a,对服务报酬率 b 无影响。

(4) OTA 的在线销售努力仅与自身的销售能力和销售成本有关,且与销售能力成正比,与销售成本成反比。

证明: 采用 KT 方法,并由逆向归纳法分两个步骤求解。

(1) 在 OTA 给定服务报酬契约 (a_i^N, b_i^N) 和销售努力 e_{Oi}^N 下,求解 TA 的反应函数 e_{Ti}^N。

根据目标函数 $E\Pi_{Ti}$,易判断 $E\Pi_{Ti}$ 为关于 e_{Ti}^N 的凹函数。进而得到服务能力类型为 i 时,TA 最优服务努力水平为:$e_{Ti}^N = \frac{s_{Ti} b_i^N}{\eta_T}$。

(2) 求解 OTA 的服务报酬契约和最优销售努力。

将 e_{Ti}^N 代入优化问题 P1,易知,OTA 的目标函数 $E\Pi_O$ 为 a_i^N 的一次函数,关于 b_i^N 和 e_{Oi}^N 的联合凹函数。因此,在约束式(IR)下,存在角点解 a_i^N 和内点解 b_i^N、e_{Oi}^N。即存在唯一最优解。构建 Lagrange 函数:

$$L(a_i^N,\ b_i^N,\ e_{Oi}^N)=(1-b_i^N)\left(s_O e_{Oi}^N+s_{Ti}e_{Ti}^N+\theta-a_i^N-\frac{\eta_O e_{Oi}^{N\,2}}{2}\right)+$$

$$\chi\left[a_i^N+b_i^N(s_O e_{Oi}^N+s_{Ti}e_{Ti}^N+\theta)-\frac{\eta_T e_{Ti}^{N\,2}}{2}-\frac{r\sigma^2(b_i^N)^2}{2}-\underline{\Pi}_T\right] \qquad (6\text{-}12)$$

其中，$\dfrac{\partial L}{\partial a_i^N}=\dfrac{\partial L}{\partial b_i^N}=\dfrac{\partial L}{\partial e_{Oi}^N}=0$，$\dfrac{\partial L}{\partial \chi}\geqslant 0$，$\chi\geqslant 0$ 且 $\chi\dfrac{\partial L}{\partial \chi}=0$。

联立可求得唯一一组解，$(a_i^{N*},\ b_i^{N*},\ e_{Oi}^{N*})$，命题 6.1 得证。

二、信息不对称情况下的策略分析

在信息不对称情况下，OTA 难以观测到 TA 的服务能力和服务努力的相关信息。当 TA 服务能力为 i 类型时，给定服务报酬契约（a_i^S，b_i^S）和销售努力 e_{Oi}^S，OTA 和 TA 的期望收益分别为 $E\Pi_O(a_i^S,\ b_i^S)$ 和 $E\Pi_{Ti}(a_i^S,\ b_i^S)$，则进一步得到规划问题 P2 为：

$$\begin{cases}\max\limits_{a_H^S,b_H^S,e_{OH}^S,a_L^S,b_L^S,e_{OL}^S}E\Pi_O=\{\rho((1-b_H^S)(s_O e_{OH}^S+s_{TH}e_{TH}^S+\theta)-a_H^S-\eta_O e_{OH}^S 2/2)+\\[2mm]
(1-\rho)((1-b_L^S)(s_O e_{OL}^S+s_{TH}e_{TL}^S+\theta)-a_L^S-\eta_O e_{OL}^S 2/2)\}\\[2mm]
\text{s. t. }(IC\text{-}H)\ a_H^S+b_H^S(s_O e_{OH}^S+s_{TH}e_{TH}^S+\theta)-\dfrac{\eta_T e_{TH}^{S\,2}}{2}-\dfrac{r\sigma^2 b_H^2}{2}\geqslant\\[3mm]
a_L^S+b_L^S(s_O e_{OS}^S+s_{TH}e_{TH}^{L}+\theta)-\dfrac{\eta_T e_{TH}^{L\,2}}{2}-\dfrac{r\sigma^2 b_L^2}{2}\\[3mm]
(IC\text{-}L)\ a_L^S+b_L^S(s_O e_{OL}^S+s_{TL}e_{TL}^S+\theta)-\dfrac{\eta_T e_{TL}^{S\,2}}{2}-\dfrac{r\sigma^2 b_L^2}{2}\geqslant\\[3mm]
a_H^S+b_H^S(s_O e_{OH}^S+s_{TL}e_{TL}^{H}+\theta)-\dfrac{\eta_T e_{TL}^{H\,2}}{2}-\dfrac{r\sigma^2 b_H^2}{2}\\[3mm]
(IR\text{-}H)\ a_H^S+b_H^S(s_O e_{OH}^S+s_{TH}e_{TH}^S+\theta)-\dfrac{\eta_T e_{TH}^{S\,2}}{2}-\dfrac{r\sigma^2 b_H^2}{2}\geqslant\underline{\Pi}_T\\[3mm]
(IR\text{-}L)\ a_L^S+b_L^S(s_O e_{OL}^S+s_{TL}e_{TL}^S+\theta)-\dfrac{\eta_T e_{TL}^{S\,2}}{2}-\dfrac{r\sigma^2 b_L^2}{2}\geqslant\underline{\Pi}_T\end{cases} \qquad (6\text{-}13)$$

其中，

$$e_{TH}^{S}=\underset{e}{\mathrm{argmax}}\left[a_{H}^{S}+b_{H}^{S}(s_{O}e_{OH}^{S}+s_{TH}e_{TH}^{S}+\theta)-\frac{\eta_{T}e_{TH}^{S\,2}}{2}-\frac{r\sigma^{2}b_{H}^{2}}{2}\right] \tag{6-14}$$

$$e_{TL}^{S}=\underset{e}{\mathrm{argmax}}\left[a_{L}^{S}+b_{L}^{S}(s_{O}e_{OL}^{S}+s_{TL}e_{TL}^{S}+\theta)-\frac{\eta_{T}e_{TL}^{S\,2}}{2}-\frac{r\sigma^{2}b_{L}^{2}}{2}\right] \tag{6-15}$$

在上述优化问题 P2 中，由于 OTA 仅知晓 TA 服务能力的先验概率，目标收益函数分别与两种 TA 合作所得到的期望收益。约束式（$IC\text{-}i$）为激励相容约束，以保证 TA 没有动机偏离 OTA 为其提供的服务报酬契约，其中，$e_{TH}^{L}(e_{TL}^{H})$ 表示高（低）服务能力类型 TA 在服务报酬契约（a_{L}^{S}，b_{L}^{S}）（（a_{H}^{S}，b_{H}^{S}））下的最优服务努力水平；约束式（$IR\text{-}i$）为 TA 参与合作的约束条件，表示 TA 参与合作共创 O2O 模式期望收益不能低于其保留收益（$\underline{\Pi_{T}}$），式（6-13）、式（6-14）表示 TA 根据 OTA 确定的 a_{i}^{S}、$b_{i}^{S}e_{Oi}^{S}$，决策自身的服务努力 s_{i}^{N}。采用逆向归纳法求解上述优化问题得到命题 6.2。

命题 6.2： 在信息不对称下，OTA 通过设计分离契约揭示 TA 的服务能力类型信息，得到 OTA 的服务报酬契约、最优销售努力和 TA 的服务努力水平为：

$$a_{H}^{S*}=\underline{\Pi_{T}}-\left(\frac{s_{O}^{2}}{\eta_{O}}+\theta\right)b_{H}^{S*}+\frac{1}{2}\left(r\sigma^{2}-\frac{s_{TH}^{2}}{\eta_{T}}\right)(b_{H}^{S*})^{2}+\frac{1}{2\eta_{T}}(s_{TH}^{2}-s_{TL}^{2})(b_{L}^{S})^{2}$$

$$b_{H}^{S*}=\frac{s_{TH}^{2}}{s_{TH}^{2}+\eta_{T}r\sigma^{2}}$$

$$a_{L}^{S*}=\underline{\Pi_{T}}-\left(\frac{s_{O}^{2}}{\eta_{O}}+\theta\right)b_{L}^{S*}+\frac{1}{2}\left(r\sigma^{2}-\frac{s_{TL}^{2}}{\eta_{T}}\right)(b_{L}^{S*})^{2}$$

$$b_{L}^{S*}=\frac{(1-\rho)s_{TL}^{2}}{s_{TL}^{2}-2\rho s_{TL}^{2}+\rho s_{TH}^{2}+(1-\rho)\eta_{T}r\sigma^{2}},\quad e_{OH}^{S*}=e_{OL}^{S*}=\frac{s_{O}}{\eta_{O}}$$

$$e_{TH}^{S*}=\frac{s_{TH}^{3}}{\eta_{T}(s_{TH}^{2}+\eta_{T}r\sigma^{2})},\quad e_{TL}^{S*}=\frac{(1-\rho)s_{TL}^{3}}{(s_{TL}^{2}-2\rho s_{TL}^{2}+\rho s_{TH}^{2}+(1-\rho)\eta_{T}r\sigma^{2})\eta_{T}} \tag{6-16}$$

命题 6.2 表明：

（1）当 $r \to +\infty$ 时，即 TA 对风险极端厌恶的情况下，$b_H^{S*} = b_L^{S*} = 0$，且 $a_H^{S*} = a_L^{S*} = \underline{\Pi_T}$，说明 TA 没有风险承受能力，其收益只能等于其保留收益 $\underline{\Pi_T}$；当 $r \to 0$ 时，即 TA 趋于风险中性，则 $b_H^{S*} = 1$，将索取全部收益；$b_L^{S*} = \dfrac{(1-\rho)s_{TL}^2}{s_{TL}^2 - 2\rho s_{TL}^2 + \rho s_{TH}^2} = \dfrac{1}{1 + \rho \dfrac{s_{TH}^2 - s_{TL}^2}{(1-\rho)s_{TL}^2}} < 1$，如果两类 TA 的服务能力差异越大，或者高服务能力的 TA 所占概率越大，则 OTA 对低服务能力的 TA 服务报酬率越低；当 $r > 0$ 时，随着 TA 风险规避系数 r 的增加，服务报酬率相应减少，说明风险规避会抵消服务报酬率的激励作用。

（2）根据 $\dfrac{\partial b_H^{S*}}{\partial s_{TH}} = \dfrac{2s_{TH}\eta_T r\sigma^2}{(s_{TH}^2 + \eta_T r\sigma^2)^2} \geq 0$，$\dfrac{\partial b_L^{S*}}{\partial s_{TL}} = \dfrac{2(1-\rho)s_{TL}(\rho s_{TH}^2 + (1-\rho)\eta_T r\sigma^2)}{(s_{TL}^2 - 2\rho s_{TL}^2 + \rho s_{TH}^2 + (1-\rho)\eta_T r\sigma^2)^2} \geq 0$。无论是高服务能力类型还是低服务能力类型的 TA，服务能力的提升都会增加服务报酬率。

（3）低服务能力 TA 对高服务能力 TA 的服务报酬率没有影响，而高低服务能力的差异大小将影响低服务能力 TA 的服务报酬率，且差异越大，低服务能力 TA 的服务报酬率越小。

（4）根据 $\dfrac{\partial b_H^{S*}}{\partial \rho} = 0$，$\dfrac{\partial b_L^{S*}}{\partial \rho} = \dfrac{s_{TL}^2(s_{TL}^2 - s_{TH}^2)}{[s_{TL}^2 - 2\rho s_{TL}^2 + \rho s_{TH}^2 + (1-\rho)\eta_T r\sigma^2]^2} \leq 0$，可知，高服务能力 TA 比例的增加，对其服务报酬率没有影响，但会降低其固定收入；而高服务能力 TA 概率的增加，会降低 OTA 对低服务能力 TA 的服务报酬率。

（5）服务报酬率与 TA 的服务努力成本系数 η_T、市场不确定性程度 σ^2、风险规避程度 r 以及固定支付与 OTA 销售能力、销售成本之间的关系与命题 6.1 一致，在此不再赘述。

证明： 采用 KT 方法，并由逆向归纳法分两个步骤求解。

（1）在 OTA 给定服务报酬契约 (a_i^S, b_i^S) 和销售努力 e_{Oi}^S 下，求解 TA 的反

应函数 e_{Ti}^S。

与定理 6.1 的证明过程类似，易得 $e_{Ti}^S=\dfrac{s_{Ti}b_i^S}{\eta_T}$。

（2）求解 OTA 的服务报酬契约和最优销售努力。

将 e_{Ti}^S 代入优化问题 P2，易知，OTA 的目标函数 $E\Pi_O$ 在约束式（IR-i）下，存在角点解 a_i^S 和内点解 b_i^S、e_{Oi}^S，且易证明（IC-H）与（IR-L）为紧约束，因此上述优化问题可改写为以下优化问题 P2'：

$$
\begin{cases}
\max\limits_{a_H^S,b_H^S,e_{OH}^S,a_L^S,b_L^S,e_{OL}^S} E\Pi_O = \left\{ \rho\left[(1-b_H^S)\left(s_O e_{OH}^S+\dfrac{b_H^S s_{TH}^2}{\eta_T}+\theta\right)-a_H^S-\dfrac{\eta_O e_{OH}^{S2}}{2}\right]+(1-\rho)\times \right. \\[2ex]
\left. \left[(1-b_L^S)\left(s_O e_{OL}^S+\dfrac{b_L^S s_{TL}^2}{\eta_T}+\theta\right)-a_L^S-\dfrac{\eta_O e_{OL}^{S2}}{2}\right]\right\} \\[2ex]
\text{s. t. } (IC\text{-}H)\ a_H^S+b_H^S(s_O e_{OH}^S+\theta)+\dfrac{(b_H^S s_{TH})^2}{2\eta_T}-\dfrac{r\sigma^2 b_H^2}{2}\geqslant \\[2ex]
a_L^S+b_L^S(s_O e_{OL}^S+\theta)+\dfrac{(b_L^S s_{TH})^2}{2\eta_T}-\dfrac{r\sigma^2 b_L^2}{2} \\[2ex]
(IR\text{-}L)\ a_L^S+b_L^S(s_O e_{OL}^S+\theta)+\dfrac{(b_L^S s_{TL})^2}{2\eta_T}-\dfrac{r\sigma^2 b_L^2}{2}\geqslant \underline{\Pi_T}
\end{cases}
$$

构建 Lagrange 函数为：

$$
L(a_H,\ b_H,\ e_{OH},\ a_L,\ b_L,\ e_{OL},\ \chi_1,\ \chi_2)
$$

$$
=\rho\left[(1-b_H^S)\left(s_O e_{OH}^S+\dfrac{b_H^S s_{TH}^2}{\eta_T}+\theta\right)-a_H^S-\dfrac{\eta_O e_{OH}^{S2}}{2}\right]+(1-\rho)\times
$$

$$
\left[(1-b_L^S)\left(s_O e_{OL}^S+\dfrac{b_L^S s_{TL}^2}{\eta_T}+\theta\right)-a_L^S-\dfrac{\eta_O e_{OL}^{S2}}{2}\right]+
$$

$$
\chi_1\left[a_L^S+b_L^S(s_O e_{OL}^S+\theta)+\dfrac{(b_L^S s_{TL})^2}{2\eta_T}-\dfrac{r\sigma^2 b_L^{S2}}{2}-\underline{\Pi_R}\right]+
$$

$$
\chi_2\left[a_H^S+b_H^S(s_O e_{OH}^S+\theta)+\dfrac{(b_H^S s_{TH})^2}{2\eta_T}-\dfrac{r\sigma^2 b_H^{S2}}{2}-a_L^S-b_L^S(s_O e_{OL}^S+\theta)-\dfrac{(b_L^S s_{TH})^2}{2\eta_T}+\dfrac{r\sigma^2 b_L^{S2}}{2}\right],
$$

得到 Kuhn-Tucker 条件：

$$\frac{\partial L}{\partial a_i^S} = \frac{\partial L}{\partial b_i^S} = \frac{\partial L}{\partial e_{Oi}^S} = 0, \quad \frac{\partial L}{\partial \chi_1} \geq 0, \quad \frac{\partial L}{\partial \chi_2} \geq 0,$$

$$\chi_1 \geq 0 \text{ 且} \chi_1 \frac{\partial L}{\partial \chi_1} = 0, \quad \chi_2 \geq 0 \text{ 且} \chi_2 \frac{\partial L}{\partial \chi_2} = 0。$$

在 $\chi_1 = 1$，$\chi_2 = \rho$ 下，可得 $(a_H^{S*}、b_H^{S*}、e_{OH}^{S*})$ 和 $(a_L^{S*}、b_L^{S*}、e_{OL}^{S*})$，命题 6.2 得证。

推论 6.1：针对不同服务能力类型的 TA，最优服务报酬契约参数之间存在如下关系：$b_H^{S*} \geq b_L^{S*}$，$a_H^{S*} \leq a_L^{S*}$。

推论 6.1 表明针对不同服务能力类型的 TA，OTA 服务报酬契约的激励目的不同，这意味着 OTA 在进行服务报酬契约设计时，需权衡对 TA 合作积极性的激励和提供高服务努力水平的激励，如果 TA 为低服务能力类型时，OTA 将给予低服务能力类型 TA 较大的固定支付，以保证 TA 参与共创 O2O 模式的积极性；而高服务能力 TA 的服务报酬率比低服务能力 TA 的服务报酬率高，且不同类型 TA 服务能力差异越大，服务报酬率相差也越大，说明如果 TA 具备较高的服务能力时，OTA 有动机激励 TA 提供更高的服务，而对较低服务能力类型的 TA，那么 OTA 缺乏动机激励 TA 提供高服务。

证明： $b_H^{S*} - b_L^{S*} = \dfrac{(s_{TH}^2 - s_{TL}^2)[\rho s_{TH}^2 + (1-\rho)\eta_T r\sigma^2]}{(s_{TH}^2 + \eta_T r\sigma^2)[s_{TL}^2 - 2\rho s_{TL}^2 + \rho s_{TH}^2 + (1-\rho)\eta_T r\sigma^2]} \geq 0,$

$$a_H^{S*} - a_L^{S*} = \left[\left(\frac{s_O^2}{\eta_O} + \theta\right) - \frac{1}{2}\left(r\sigma^2 - \frac{s_{TH}^2}{\eta_T}\right)(b_L^{S*} + b_H^{S*})\right],$$

当 $r \leq 0$ 时，易得 $a_H^{S*} < a_L^{S*}$。

当 $r > 0$ 时，令：

$$G(r) = \left(\frac{s_O^2}{\eta_O} + \theta\right) - \frac{1}{2}\left(r\sigma^2 - \frac{s_{TH}^2}{\eta_T}\right)(b_L^{S*} + b_H^{S*})$$

$$= \left(\frac{s_O^2}{\eta_O} + \theta\right) + \frac{s_{TH}^2}{2\eta_T}(b_L^{S*} + b_H^{S*}) - \frac{1}{2}r\sigma^2(b_L^{S*} + b_H^{S*}),$$

易知 $\dfrac{s_{TH}^2}{2\eta_T}(b_L^{S*}+b_H^{S*})$ 是关于 r 单调递减，

$$\frac{1}{2}r\sigma^2(b_L^{S*}+b_H^{S*})=\frac{1}{2}r\sigma^2\left[\frac{s_{TH}^2}{s_{TH}^2+\eta_T r\sigma^2}+\frac{(1-\rho)s_{TL}^2}{s_{TL}^2-2\rho s_{TL}^2+\rho s_{TH}^2+(1-\rho)\eta_T r\sigma^2}\right]$$

$$=\frac{1}{2\eta_T}\left[s_{TH}^2+s_{TL}^2-\frac{s_{TH}^4}{s_{TH}^2+\eta_T r\sigma^2}-\frac{(1-\rho)s_{TL}^2(s_{TL}^2-2\rho s_{TL}^2+\rho s_{TH}^2)}{s_{TL}^2-2\rho s_{TL}^2+\rho s_{TH}^2+(1-\rho)\eta_T r\sigma^2}\right],$$

可知 $\dfrac{1}{2}r\sigma^2(b_L^{S*}+b_H^{S*})$ 是关于 r 单调递增。

因此，可得 $G(r)$ 是关于 r 的单调减函数，在 $r\to0$ 处取得极大值，在 $r\to+\infty$ 处取得极小值。$r\to+\infty$ 时，即 TA 对风险极端厌恶的情况下，$b_L^{S*}=b_H^{S*}=0$，

$G(+\infty)=\left(\dfrac{s_O^2}{\eta_O}+\theta\right)$，$G(0)=\left(\dfrac{s_O^2}{\eta_O}+\theta\right)+\dfrac{s_{TH}^2}{2\eta_T}\left(1+\dfrac{(1-\rho)s_{TL}^2}{s_{TL}^2-2\rho s_{TL}^2+\rho s_{TH}^2}\right)$，可得 $G(r)>0$，从而

可得 $a_L^{S*}\geqslant a_H^{S*}$，当且仅当 $r\to+\infty$，$a_L^{S*}=a_H^{S*}$，推论 6.1 得证。

三、信息对称与不对称下结果比较

1. 分离契约有效性

根据命题 6.2 将 $(a_H^{S*}$，$b_H^{S*})$ 和 $(a_L^{S*}$，$b_L^{S*})$ 分别代入激励相容约束中，可以得到 TA 谎报服务能力类型的期望收益，将其与 TA 如实选择服务报酬契约的期望收益函数进行比较，可以得到：

$$E\Pi_{TH}(a_H^{S*}，b_H^{S*})-E\Pi_{TH}(a_L^{S*}，b_L^{S*})=0$$

$$E\Pi_{TL}(a_L^{S*}，b_L^{S*})-E\Pi_{TL}(a_H^{S*}，b_H^{S*})=\frac{(b_H^{S*}-b_L^{S*})(b_H^{S*}+b_L^{S*})(s_{TH}+s_{TL})}{2\eta_T}>0$$

$$(6-17)$$

当低服务能力的 TA 谎报成高服务能力的 TA 时，获得的收益要严格低于其

如实选择服务报酬契约时获得的期望收益 $[E\Pi_{TL}(a_H^{S*}, b_H^{S*}) < E\Pi_{TL}(a_L^{S*}, b_L^{S*})]$，故低服务能力的 TA 没有谎报高服务能力 TA 的动机；另外，如果 TA 为高服务能力类型，那么其谎报与否并不会影响其期望收益 $[E\Pi_{TH}(a_H^{S*}, b_H^{S*}) = E\Pi_{TH}(a_L^{S*}, b_L^{S*})]$，因此，高服务能力类型 TA 也没有谎报动机。由此可以看出，OTA 在与 TA 共创 O2O 模式中给出的服务报酬分离契约具有"自我选择"特性，即高、低服务能力类型的 TA 均能选择与其成本类型相对应的服务报酬契约。

推论 6.2：比较不同服务能力类型 TA 获得的期望收益与其保留收益之间的关系，可以得到：

$$E\Pi_T(s_{TL}) = \underline{\Pi}_T, \quad E\Pi_T(s_{TH}) = \underline{\Pi}_T + \frac{(s_{TH}^2 - s_{TL}^2)}{2\eta_T}b_L^{S*2} \tag{6-18}$$

推论 6.2 表明，当 TA 为低服务能力类型时，其接受服务报酬契约后得到的收益仅为其保留收益，如果 TA 为高服务能力类型时，那么 TA 接受服务报酬契约后获得的收益将大于其保留收益。由两者的差值 $\frac{(s_{TH}^2 - s_{TL}^2)}{2\eta_T}b_L^{S*2}$ 可以看出，OTA 为了获得 TA 服务能力的私有信息，需要支付给 TA 信息共享费，如果 OTA 不支付该费用，那么 TA 有可能谎报其服务能力，损害 OTA 的期望收益。

2. 信息不对称对服务报酬契约和期望收益的影响

根据命题 6.1 和命题 6.2，比较分析对称和不对称情况下服务报酬契约、TA 最优服务努力以及合作各方收益，得到命题 6.3 和命题 6.4。

命题 6.3：信息对称和不对称下的最优服务报酬契约参数、销售努力以及 TA 最优服务努力存在如下关系：

（1）$a_H^{S*} \geqslant a_H^{N*}$，$b_H^{N*} = b_H^{S*}$，

（2）$b_L^{S*} \leqslant b_L^{N*}$，$a_L^{S*} \geqslant a_L^{N*}$，

（3）$e_{TH}^{N*} = e_{TH}^{S*}$，$e_{TL}^{S*} < e_{TL}^{N*}$，

（4）$e_{Oi}^{N*} = e_{Oi}^{S*}$。

命题 6.3 的（1）表明，在信息不对称下，OTA 要支付较高的固定支付来调动 TA 参与共创 O2O 模式的积极性，且设定较高的服务报酬率激励 TA 付出高的线下服务努力，达到信息对称下的最优值，TA 依靠固定支付（$a_H^{S*} \geq a_H^{N*}$）能获得额外的信息租金。

命题 6.3 的（2）意味着，信息不对称下，如果 TA 为低服务能力类型，OTA 缺乏动机激励 TA 提供较高的服务水平，且 OTA 需提供较高的固定支付调动低服务能力类型 TA 共创 O2O 模式的积极性。其中，对于高服务能力的 TA，OTA 同时提供参与合作共创 O2O 模式的积极性激励和努力激励，而对低服务能力的 TA，OTA 对其进行参与合作共创 O2O 模式的积极性激励。

命题 6.3 的（3）表明，信息不对称比信息对称下低服务能力类型的 TA 的服务努力水平有所下降。由于信息不对称的存在，OTA 的服务报酬契约设计需要调整固定支付和服务报酬率，以保证 TA 能够参与共创 O2O 模式，并做出对 OTA 有利的服务努力水平。

命题 6.3 的（4）表明，不管信息对称还是不对称情况，OTA 的最优销售努力水平是相同的，原因在于 OTA 知晓自身的销售能力和成本等信息，因此，OTA 在做决策时，不受 TA 服务能力类型的影响。

证明：（1）$a_H^{S*} - a_L^{S*} = \dfrac{1}{2\eta_T}(s_{TH}^2 - s_{TL}^2)(b_L^{S*})^2 \geq 0$，

（2）$b_L^{S*} - b_L^{N*} = \dfrac{\rho s_{TL}^2(s_{TL}^2 - s_{TH}^2)}{(s_{TL}^2 - 2\rho s_{TL}^2 + \rho s_{TH}^2 + (1-\rho)\eta_T r\sigma^2)(s_{TL}^2 + \eta_T r\sigma^2)} \leq 0$，

$a_L^{S*} - a_L^{N*} = (b_L^{N*} - b_L^{S*})\left[\left(\dfrac{s_O^2}{\eta_O} + \theta\right) - \dfrac{1}{2}\left(r\sigma^2 - \dfrac{s_{TL}^2}{\eta_T}\right)(b_L^{N*} + b_L^{S*})\right]$，

$a_L^{S*} - a_L^{N*}$ 的大小比较同推论 6.1 的证明类似，略。

命题 6.3 中（3）、（4）的证明较易，略。

命题 6.4：信息对称与不对称下，OTA 和 TA 期望收益存在如下关系：

（1）$E\Pi_{Oi}^{S*} \leqslant E\Pi_{Oi}^{N*}$，

（2）$E\Pi_{TH}^{S*} \geqslant E\Pi_{TH}^{N*}$；$E\Pi_{TL}^{S*} = E\Pi_{TL}^{N*}$。

命题 6.4 表明，不管 TA 为何种服务能力类型，OTA 的信息劣势总是对其不利，但 TA 的信息优势，并不一定会产生信息租金。当 TA 为高服务能力类型时，固定支付成本的增加与不变的服务报酬率使 OTA 需支付更高的服务报酬，从而造成 OTA 期望收益损失，但此时高服务能力的 TA 却能从增加的固定支付中获得额外的信息租金。当 TA 为低服务能力类型时，信息不对称的存在使得服务报酬率向下倾斜，固定支付的上升使 OTA 期望收益下降，而此时，固定支付的上升正好可以弥补 TA 因服务报酬率下降而导致的损失，此时 TA 收益不变，故低服务能力类型的 TA 并未获得额外的信息租金。

证明：

（1）$\Delta E\Pi_{OH}^{SN*} = E\Pi_{OH}^{S*} - E\Pi_{OH}^{N*} = \dfrac{1}{2\eta_T}(s_{TL}^2 - s_{TH}^2)(b_L^{S*})^2 \leqslant 0$，

$$\Delta E\Pi_{OL}^{SN*} = E\Pi_{OL}^{S*} - E\Pi_{OL}^{N*} = (b_L^{S*} - b_L^{N*})\left[\dfrac{s_{TL}^2}{\eta_T} - \dfrac{1}{2}\left(\dfrac{s_{TL}^2}{\eta_T} + r\sigma^2\right)(b_L^{N*} + b_L^{S*})\right]$$

$$= \dfrac{1}{\eta_T}(b_L^{S*} - b_L^{N*})\left[s_{TL}^2 - \dfrac{s_{TL}^2}{2b_L^{N*}}(b_L^{N*} + b_L^{S*})\right] = \dfrac{s_{TL}^2}{2\eta_T}(b_L^{S*} - b_L^{N*})\left(1 - \dfrac{b_L^{S*}}{b_L^{N*}}\right)$$

$$= -\dfrac{(s_{TL}^2 + \eta_T r\sigma^2)}{2\eta_T}(b_L^{S*} - b_L^{N*})^2 \leqslant 0。$$

（2）$\Delta E\Pi_{TH}^{SN*} = E\Pi_{TH}^{S*} - E\Pi_{TH}^{N*} = \dfrac{1}{2\eta_T}(s_{TH}^2 - s_{TL}^2)(b_L^{S*})^2 \geqslant 0$，

$$\Delta E\Pi_{TH}^{SN*} = E\Pi_{TL}^{S*} - E\Pi_{TL}^{N*} = 0。$$

四、当 TA 的服务能力为连续型时的策略分析

假设 TA 的服务能力 s_T 是连续型分布的，且满足 $s_T \in H = [\underline{s_T}, \overline{s_T}]$，累积分布

函数为 $F(s_T)$，分布密度为 $f(s_T) > 0$。

根据式（6-1），由于 ξ 与 s_T 不相关，可得风险中性的 OTA 期望收益为：

$$E\Pi_O(s_T) = \int_{\underline{s_T}}^{\overline{s_T}} \left\{ \left[1 - b^C(s_T) \right] \left[s_O e_O^C(s_T) + s_T^C e_T^C(s_T) + \theta \right] - a^C(s_T) - \frac{\eta_O e_O^{C2}(s_T)}{2} \right\} f(s_T) ds_T \tag{6-19}$$

TA 的期望收益为：

$$E\Pi_T(s_T) = a^C(s_T) + b^C(s_T) \left[s_O e_O^C(s_T) + s_T^C e_T^C(s_T) + \theta \right] - \frac{\eta_T e_T^{C2}(s_T)}{2} - \frac{r\sigma^2 b^{C2}(s_T)}{2} \tag{6-20}$$

首先，确定 TA 的最优服务努力水平 $e_T^C(s_T)$，即 $\forall s_T \in H$，满足 $e_T^C(s_T) = \underset{e}{\mathrm{argmax}} E\Pi_T(s_T)$，得到 $e_T^C(s_T) = \dfrac{s_T^C b^C(s_T)}{\eta_T}$，将 $e_T^C(s_T)$ 代入式（6-20），得到：

$$E\Pi_T(s_T) = a^C(s_T) + \left[s_O e_O^C(s_T) + \theta \right] b^C(s_T) + \frac{1}{2} \left(\frac{s_T^2}{\eta_T} - r\sigma^2 \right) b^{C2}(s_T) \tag{6-21}$$

进一步地，可以得到当 s_T 为连续型时，服务报酬的优化问题。

则优化问题 P3 为：

$$\max_{a^C, b^C} \int_{\underline{s_T}}^{\overline{s_T}} \left\{ \left[1 - b^C(s_T) \right] \left[s_O e_O^C(s_T) + s_T^C e_T^C(s_T) + \theta \right] - a^C(s_T) - \frac{\eta_O e_O^{C2}(s_T)}{2} \right\} f(s_T) ds_T$$

$$\mathrm{s.\,t.}\ (IC)\ \dot{b}^C(s_T) \geqslant 0 \tag{6-22}$$

$$(IC)\ \dot{a}^C(s_T) + s_O \dot{e}_O^C(s_T) b^C(s_T) + \left[s_O e_O^C(s_T) + \theta \right] \dot{b}^C(s_T) + \left(\frac{s_T^{C2}}{\eta_T} - r\sigma^2 \right) \dot{b}^C(s_T) = 0 \tag{6-23}$$

$$(IR)\ a^C(s_T) + \left[s_O e_O^C(s_T) + \theta \right] b^C(s_T) + \frac{1}{2} \left(\frac{s_T^2}{\eta_T} - r\sigma^2 \right) b^{C2}(s_T) \geqslant \underline{\Pi_T} \tag{6-24}$$

其中，$e_T^C(s_T) = \dfrac{s_T^C b^C(s_T)}{\eta_T}$。

命题 **6.5**: 当 $\dfrac{d}{ds_T}\left(\dfrac{1-F(s_T)}{s_T f(s_T)}\right)<0$ 时,

$$a^{C*}(s_T)=\underline{\Pi}_T-\left(\frac{s_O^2}{\eta_O}+\theta\right)b^{C*}(s_T)-\frac{1}{2}\left(\frac{s_T^2}{\eta_T}-r\sigma^2\right)(b^{C*})^2(s_T)+\int_{\underline{s}_T}^{s_T}\frac{\omega}{\eta_T}b^{C2}(\omega)d\omega,$$

$$b^{C*}(s_T^C)=\cfrac{1}{1+\cfrac{\eta_T r\sigma^2}{s_T^{C2}}+\cfrac{2(1-F(s_T^C))}{s_T^C f(s_T^C)}},\quad e_O^{C*}=\frac{s_O}{\eta_O},\quad e_T^{C*}(s_T)=\frac{s_T^C b^{C*}(s_T)}{\eta_T}。$$

命题 6.5 表明: 当 TA 的服务能力为连续型时, $\dfrac{d}{ds_T}\left[\dfrac{1-F(s_T)}{s_T f(s_T)}\right]<0$ 是服务报酬分离契约存在的前提条件, 此时, $b^{C*}(s_T)$ 是严格递增的, 所有服务类型的 TA 均能选择不同的契约合同。

证明: 根据显示原理, 在分析连续型变量的有效性时, 可将分析限制直接显示在 $\{a(\vec{s_T}),\ b(\vec{s_T})\}$ 上, 因而 $\forall(s_T,\ \vec{s_T})\in H$, 存在:

$$a^C(s_T)+[s_O e_O^C(s_T)+\theta]b^C(s_T)+\frac{1}{2}\left(\frac{s_T^2}{\eta_T}-r\sigma^2\right)b^{C2}(s_T)\geqslant$$

$$a^C(\vec{s_T})+[s_O e_O^C(\vec{s_T})+\theta]b^C(\vec{s_T})+\frac{1}{2}\left(\frac{s_T^2}{\eta_T}-r\sigma^2\right)b^{C2}(\vec{s_T}) \qquad (6-25)$$

根据式 (6-25) 有:

$$a^C(s_T)+[s_O e_O^C(s_T)+\theta]b^C(s_T)+\frac{1}{2}\left(\frac{s_T^2}{\eta_T}-r\sigma^2\right)b^{C2}(s_T)\geqslant$$

$$a^C(s_T')+[s_O e_O^C(s_T')+\theta]b^C(s_T')+\frac{1}{2}\left(\frac{s_T^2}{\eta_T}-r\sigma^2\right)b^{C2}(s_T') \qquad (6-26)$$

$$a^C(s_T')+[s_O e_O^C(s_T')+\theta]b^C(s_T')+\frac{1}{2}\left(\frac{s_T'^2}{\eta_T}-r\sigma^2\right)b^{C2}(s_T')\geqslant$$

$$a^C(s_T)+[s_O e_O^C(s_T)+\theta]b^C(s_T)+\frac{1}{2}\left(\frac{s_T'^2}{\eta_T}-r\sigma^2\right)b^{C2}(s_T) \qquad (6-27)$$

式 (6-26) 与式 (6-27) 相加, 化简后得:

$(s_T - s_T')\left[b^C(s_T) - b^C(s_T')\right] \geq 0$。

则 $b^C(s_T)$ 是非递减的，表明 $b^C(s_T)$ 在区间 $\left[\underline{s_T},\ \overline{s_T}\right]$ 处处可微，满足：$\dot{b}^C(s_T) \geq 0$，另外，从式（6-25）得到关于 $\vec{s_T}$ 的一阶条件满足：

$$\dot{a}^C(\vec{s_T}) + s_0 \dot{e}_0^C(\vec{s_T}) b^C(\vec{s_T}) + \left[s_0 e_0^C(\vec{s_T}) + \theta\right]\dot{b}^C(s_T) + \left(\frac{s_T^2}{\eta_T} - r\sigma^2\right)\dot{b}^C(\vec{s_T}) = 0$$

根据直接显示机制有 $\forall s_T^C \in H$，有：

$$\dot{a}^C(s_T) + s_0 \dot{e}_0^C(s_T) b^C(s_T) + \left[s_0 e_0^C(s_T) + \theta\right]\dot{b}^C(s_T) + \left(\frac{s_T^2}{\eta_T} - r\sigma^2\right)\dot{b}^C(s_T) = 0$$

式（6-22）和式（6-23）为激励相容约束，以保证 TA 没有动机偏离 OTA 为其提供的服务报酬契约，约束式（6-24）（IR）为 TA 参与合作的约束条件，不能低于其保留收益。

对式（6-20）求导，结合（6-22）简化可得，

$$E\dot{\Pi}_T(s_T) = \frac{s_T}{\eta_T} b^{C2}(s_T) \tag{6-28}$$

同时，将 $E\Pi_T(s_T)$ 代入式（6-19），则上述优化问题 P3 可改写为 P3'，

$$\max_{a^C,\ b^C}\int_{\underline{s_T}}^{\overline{s_T}}\left[s_0 e_0^C(s_T) + \frac{s_T^2 b^C(s_T)}{\eta_T} + \theta - \frac{1}{2}\left(\frac{s_T^2}{\eta_T} + r\sigma^2\right)b^{C2}(s_T) - E\Pi_T(s_T) - \right.$$

$$\left.\frac{\eta_0 e_0^{C2}(s_T)}{2}\right]f(s_T)\,ds_T,$$

s.t. 式（6-22）、式（6-28），

$$E\Pi_T(s_T) \geq \underline{\Pi_T},$$

令 $E\Pi_T(\underline{s_T}) \geq \underline{\Pi_T}$，对式（6-28）积分求解，得到：

$$E\Pi_T(s_T) = \int_{\underline{s_T}}^{\overline{s_T}}\frac{\omega}{\eta_T} b^{C2}(\omega)\,d\omega + \underline{\Pi_T} \tag{6-29}$$

结合 $\int_{\underline{s_T}}^{\overline{s_T}}\left[\int_{\underline{s_T}}^{s_T}\frac{\omega}{\eta_T} b^{C2}(\omega)\,d\omega\right]f(s_T)\,ds_T = \int_{\underline{s_T}}^{\overline{s_T}}\left[\int_{s_T}^{\overline{s_T}}f(\omega)\,d\omega\right]\frac{s_T}{\eta_T} b^{C2}(s_T)\,ds_T$

$$= \int_{\underline{s_T}}^{\overline{s_T}} \frac{1-F(s_T)}{f(s_T)} \frac{s_T}{\eta_T} b^{C2}(s_T) f(s_T) ds_T,$$

则 P3 的目标函数变为：

$$\max_{a^C, b^{C2}} \int_{\underline{s_T}}^{\overline{s_T}} \left[s_0 e_0^C(s_T) + \frac{s_T^2 b^C(s_T)}{\eta_T} + \theta - \frac{1}{2} \left(\frac{s_T^2}{\eta_T} + r\sigma^2 \right) b^{C2}(s_T) - \right.$$

$$\left. \frac{1-F(s_T)}{f(s_T)} \frac{s_T}{\eta_T} b^{C2}(s_T) - \underline{\Pi_T} - \frac{\eta_0 e_0^{C2}(s_T)}{2} \right] f(s_T) ds_T,$$

$$e_0^{C*} = \frac{s_0}{\eta_0}, \quad b^{C*}(s_T^C) = \frac{1}{1 + \dfrac{\eta_T r\sigma^2}{s_T^{C2}} + \dfrac{2(1-F(s_T^C))}{s_T^C f(s_T^C)}},$$

其中，$b^{C*}(\underline{s_T}) = \dfrac{1}{1 + \dfrac{\eta_T r\sigma^2}{\underline{s_T}} + \dfrac{2}{\underline{s_T} f(\underline{s_T})}}$，$b^{C*}(\overline{s_T}) = \dfrac{1}{1 + \dfrac{\eta_T r\sigma^2}{\overline{s_T}^2}}$。

当 $s_T = \underline{s_T}$ 时根据式（6-20），并结合 $E\Pi_T(\underline{s_T}) = \underline{\Pi_T}$ 可得：

$$a^{C*}(\underline{s_T}) = \underline{\Pi_T} - \left(\frac{s_0^2}{\eta_0} + \theta \right) b^{C*}(\underline{s_T}) - \frac{1}{2} \left(\frac{\underline{s_T}^2}{\eta_T} - r\sigma^2 \right) b^{C\times 2}(\underline{s_T})。$$

将 $b^{C*}(s_T^C)$ 代入（6-28）得：

$$E\Pi_T(s_T) = \int_{\underline{s_T}}^{s_T} \frac{\omega}{\eta_T} b^{C\times 2}(\omega) d\omega + \underline{\Pi_T} \tag{6-30}$$

将式（6-30）代入式（6-20）可得：

$$a^{C*}(s_T) = \underline{\Pi_T} - \left(\frac{s_0^2}{\eta_0} + \theta \right) b^{C*}(s_T) - \frac{1}{2} \left(\frac{s_T^2}{\eta_T} - r\sigma^2 \right) b^{C\times 2}(s_T) + \int_{\underline{s_T}}^{s_T} \frac{\omega}{\eta_T} b^{C2}(\omega) d\omega。$$

推论 6.3：$E\Pi_T(s_T) - \underline{\Pi_T} = \int_{\underline{s_T}}^{s_T} \frac{\omega}{\eta_T} b^{C\times 2}(\omega) d\omega。$

除了服务能力最差的 TA，其他类型的 TA 都能获得严格的信息租金。并且在 OTA 服务报酬契约 $\{a^{C*}(s_T), b^{C*}(s_T)\}$ 的前提下，不难验证，随着 TA 服务能力的提高，TA 获得的信息租金逐渐增加，且 TA 得到的期望收益也变大，这与

TA 服务能力为离散型时的结论相一致。

第五节 算例分析

下面通过数值算例直观分析 TA 的风险规避系数、服务能力以及信息不对称对 OTA 服务报酬契约策略和双方收益的影响，以得到更多的管理启示。设置参数 $s_O = 0.3$，$\eta_O = 0.1$，$\eta_T = 0.3$，$s_{TH} = 0.5$，$s_{TL} = 0.5$，$\rho = 0.5$，$\theta = 0$，$\sigma^2 = 4$，$\Pi_T = 5$。为了研究风险规避系数 r 和服务能力 s_{Ti} 对服务报酬契约、OTA 和 TA 期望收益的影响，以 s_{Ti} 为横坐标，即当 $s_{TH} = 0.5$ 时，$s_{TL} \in (0.2, 0.5)$；当 $s_{TL} = 0.5$ 时，$s_{TH} \in (0.5, 1)$ 分别绘制 $r = 0.1$，$r = 0.5$，$r = 0.9$ 下对称信息和信息不对称下的固定支付、服务报酬率以及收益的影响，如图 6-1~图 6-3 所示。

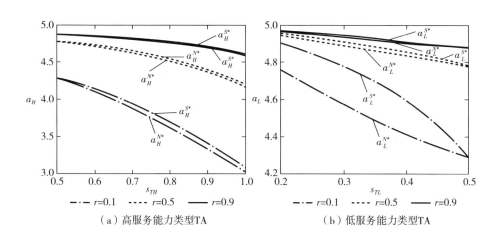

（a）高服务能力类型TA　　　　（b）低服务能力类型TA

图 6-1　r 和 s_{Ti} 对固定支付的影响

一、服务报酬契约参数分析

观察图 6-1 可以发现：①不同情形下，固定支付 a_i^{S*} 和 a_i^{N*} 总是会随 s_{Ti} 的增大而减少，且总有 $a_i^{S*} > a_i^{N*}$，表明在信息不对称下，OTA 需要给予 TA 更多的固定支付以激励其合作共创 O2O 模式的积极性；②当 r 取不同的值时，信息不对称对固定支付的影响总是会随 TA 高低服务能力之差的增大而增大，表明市场上不同服务能力 TA 的差别越小，信息不对称对固定支付的影响越小；③不管 TA 为何种服务能力类型，a_i^{S*}、a_i^{N*} 总是会随 r 的增大而增大，且随 r 的增大，固定支付的曲线间距逐渐缩小，表明 r 能缓解不对称信息对固定支付的影响。

观察图 6-2 可以发现：①服务报酬率 b_i^{S*} 和 b_i^{N*} 总是随 s_{Ti} 的增大而增大，且总有 $b_H^{S*} = b_H^{N*}$，$b_L^{S*} < b_L^{N*}$，表明信息不对称的存在并不会影响 OTA 给予高服务能力类型 TA 的服务报酬率，但会降低给予低服务能力类型 TA 的服务报酬率；②不同情形下，b_i^{S*} 和 b_i^{N*} 总是随着 r 的增大而减小，表明 r 会抵消服务报酬率对 TA 的激励作用；③从图 6-2（b）可以看出，随着风险规避系数 r 的增大，曲

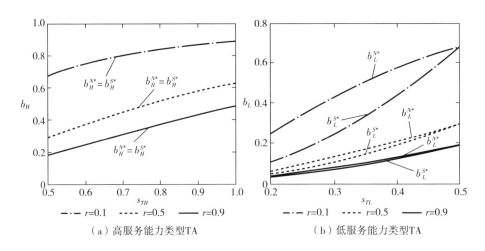

（a）高服务能力类型TA　　（b）低服务能力类型TA

图6-2　r 和 s_{Ti} 对服务报酬率的影响

线之间的间距逐渐缩小，表明 r 能缓解信息不对称对服务报酬率的影响，而随着 s_{TL} 的增大，曲线之间的间距逐渐缩小，表明市场上不同服务能力 TA 的差别越小，信息不对称对低服务能力 TA 服务报酬率的影响越小。

二、收益分析

为了分析风险规避系数和 TA 服务能力对 OTA、TA 期望收益的影响，分别绘制了信息对称和不对称情形下 TA 与 OTA 期望收益之差，如图 6-3 所示。

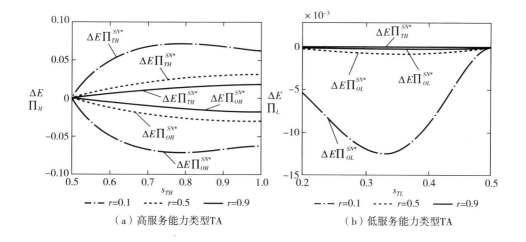

（a）高服务能力类型TA　　（b）低服务能力类型TA

图 6-3　r 和 s_{Ti} 对 $\Delta E\Pi_{Ti}^{SN*}$ 和 $\Delta E\Pi_{Oi}^{SN*}$ 的影响

由图 6-3 可知以下三个方面：

（1）不管 TA 为何种类型，总有 $\Delta E\Pi_{Oi}^{SN*}<0$，表明信息不对称的存在总是导致 OTA 期望收益损失。$\Delta E\Pi_{TH}^{SN*}>0$ 和 $\Delta E\Pi_{TL}^{SN*}=0$ 表明仅高服务能力类型 TA 能获得额外的信息租金，并且，$\Delta E\Pi_{TH}^{SN*}$ 与 $\Delta E\Pi_{OH}^{SN*}$ 关于价值为 0 的曲线对称，表明在双方构成的 O2O 模式中，信息不对称的存在使得部分收益从 OTA 转移到高服务能力 TA 中。

（2）$\Delta E\Pi_{Oi}^{SN*}$ 随着 s_{Ti} 的增大呈先下降后上升的趋势，表明随着 s_{TH} 的增大，$\Delta E\Pi_{OH}^{SN*}$ 的变化趋势取决于 OTA 从 TA 服务能力提高中获得的收益能否弥补部分信息价值的成本；信息不对称下，服务努力水平激励的下降以及固定支付的上升，导致 OTA 收益的下降，随着 s_{TL} 的增大，差异越明显，而当 s_{TL} 增大到一定程度时，服务能力提高中获得收益弥补部分固定支付的损失，导致 $\Delta E\Pi_{OL}^{SN*}$ 呈上升趋势。

（3）$\left|\Delta E\Pi_{Oi}^{SN*}\right|$ 总是随着 r 的增大而减小，表明 r 能缓解 OTA 信息劣势给其带来的不利影响；$\Delta E\Pi_{TH}^{SN*}$ 总是随着 r 的增大而减小，表明 r 会抑制高服务能力类型 TA 的信息优势。

本章小结

在 OTA 与 TA 建立线下服务合作共创 O2O 模式中，OTA 服务报酬契约的合理性是保证 O2O 模式高效运营的重要因素。本章考虑 TA 服务能力及服务水平信息不对称，OTA 设计合理的服务报酬契约以区分 TA 服务能力并激励 TA 提高服务努力水平。主要结论有以下四个：

（1）当 OTA 自身销售能力较低或销售成本较高时，OTA 将增加对 TA 的固定支付以支持共创 O2O 模式；TA 的服务努力成本系数、市场不确定性程度和风险规避程度，均能抵消合作契约中的服务报酬率的激励作用。

（2）TA 服务能力为连续类型时，存在分离契约的前提条件是 $\dfrac{d}{ds_T}\left[\dfrac{1-F(s_T)}{s_T f(s_T)}\right]<0$，此时，不同类型的 TA 均能选择到合适的契约。

（3）OTA 与 TA 共创 O2O 模式中，信息不对称的存在总是会造成 OTA 的期望收益受损，除最低服务能力类型的 TA 外，所有其他类型的 TA 都能获得严格的信息租金，TA 服务能力越强，获得的信息租金越多，从而期望收益也越大。

（4）OTA 通过权衡固定支付与服务报酬率对 TA 不同的激励作用来设计服务报酬契约。当 TA 为高服务能力类型时，OTA 设置较高的服务报酬率激励 TA 付出服务努力；当 TA 为低服务能力类型时，OTA 给予较大的固定支付，激励其参与共创 O2O 模式的积极性。

第七章　考虑销售成本分担的旅行社共创 O2O 模式契约协调策略

第一节　引言

在第五章和第六章中，讨论了信息对称下双向委托代理与信息不对称情况 OTA 单向委托下，发挥互补性资源优势的 TA 与 OTA 共创 O2O 模式合作方式。在本章，讨论 TA 单向委托 OTA 提供线上销售，双方建立线上销售合作的方式共创 O2O 模式，并考虑销售合作呈现动态性和长期性的特点，分析销售成本分担契约的协调效果。

成本分担机制不仅能激励合作方提高合作努力，还能改善参与双方的收益，已在合作研究中被广泛应用。例如，在纵向研发合作中，王旭等（2012）针对两个上游企业和多个下游企业构成的双层市场结构，研究了纵向研发合作下利润匹配型和固定比例型两种分担机制的分担系数和利润等；艾凤义和侯光明（2004）、景熠等（2011）研究了纵向研发合作下的收益分配和成本分担机制。在零售业，

Tsao 和 Sheen（2012）的研究显示，如果供应商分担零售商促销成本的比例在一个合理的范围内，那么双方的利润都能有所增加；王威昊和胡劲松（2021）基于传统电商线下开设体验店以及和现有体验店合作两种情形下，研究发现传统电商和零售商共同分担服务成本的协调机制，能够促进零售商服务水平的提高，并改善双方的整体绩效和参与双方的收益。在电信业，曹裕等（2021）在研究手机和电信业务捆绑销售问题时发现签订成本分担合同可以有效提高手机质量、服务水平和系统利润，协调供应链。在旅游业中，张路等（2022）将成本分担机制应用到景区和旅行社供应链低碳合作中，并认为成本分担情况下，主导者具有 CSR 可以增加供应链成员的决策水平，并承担更多成本，且 CSR 偏好对成本分担契约合同的有效性没有影响。

在 TA 与 OTA 共创 O2O 模式中，线上销售与线下服务差异化已成为增加销量的重要手段，通过线上销售可以消除游客购买的地域限制，而线下服务可以通过满足游客的个性化需求摆脱同质化，增强共创 O2O 模式的竞争优势。在本章中，TA 利用线下门店提供优质线下服务，提高游客满意度，提升旅游企业的美誉度、市场形象和品牌，扩大旅游产品需求量（Lai，2013；Su et al.，2016），OTA 则通过线上资源进行促销、宣传、广告、排名等销售努力扩展线上销量（Ling et al.，2014；Dong and Ling，2015；Kracht and Wang，2010），在双方继续发挥互补性资源的优势下，探讨长期销售合作中 TA 与 OTA 共创 O2O 模式下的销售成本分担的动态协调策略。

对此，首先，对微分博弈理论及相关研究进行了介绍，考虑 TA 的服务水平、OTA 的销售努力以及 TA 品牌形象三者共同对旅游市场需求产生影响，并认为 TA 品牌形象受其服务水平的正向影响，且存在一定程度的衰减，构建了 TA 分担 OTA 销售努力成本的微分博弈；其次，研究了 Nash 非合作博弈、销售努力成本分担的 Stackelberg 博弈、协同合作博弈下各参与者决策水平，销售成本分担契约的实施条件；再次，利用收益共享契约来协调上述微分动态合作博弈，并给出了协调契约下合作系统决策分析；最后，本章使用算例分析表明了销售成本分担契约的协调效果。采用微分博弈研究共创 O2O 模式的合作协调问题，能够提升双方合作价值，对 O2O 模式长期健康持续发展具有重要推动意义。

本章内容如下：第二节对微分对策理论及相关研究进行了阐述；第三节构建了 TA 分担 OTA 部分销售努力成本的微分博弈；第四节研究并对比了三种不同博弈下的均衡策略；第五节设计了收益共享契约协调 O2O 模式；第六节利用算例对第四节的结论进行验证；第七节总结了本章的研究内容。

第二节　微分对策理论及相关研究

对策论是描述现实世界中包含矛盾、冲突、对抗、合作诸因素数学模型的理论与方法。微分对策论最早产生于军事需要，主要用于解决动态环境中多局中人连续时间内竞争、对抗或合作问题，是对策论的重要组成部分。1965 年，Issacs 整理出版了 *Differential Games* 一书，标志着微分对策论的诞生，引起了世界各国的普遍关注。1971 年，美国科学家 Friedman 对微分对策进行了定义，建立了微分对策值与鞍点存在性理论，因此也赋予了微分对策数学理论基础。随后，微分对策理论与应用飞速发展，例如，定量和定性微分对策、多人合作与非合作微分对策、主从微分对策以及随机微分对策都取得了很大进展。微分对策的应用也由前期的军事领域扩展到经济学、管理、社会等研究领域。

美国著名的经济学家 Nash 首先将微分对策理论引入经济学研究领域，并由于这一出色表现而获得诺贝尔经济学奖。近年来，将微分对策应用到经济学领域的研究逐渐增多。周边经济、贸易经济、企业经济和微经济等方面的诸多研究课题都可用微分对策理论来解决。如买卖双方的讨价还价、零售商与制造商的广告合作、垄断行业的多寡头竞争、高新技术的产业化等都可以通过微分对策建立适当的模型求解（傅莉和王晓光，2010）。

我国关于微分对策的研究起步较晚，但经过近几年的发展，有关成果也不断丰富，张嗣瀛（1987）、李登峰（2000）在《微分对策》一书中具体介绍了微分对策的概念、理论、方法和应用。微分对策是借助微分方程或方程组描述具有连续时间的局中人之间多级对策（是兆雄，1984）。根据分类标准的不同，微分对策有多种形式。比较典型的微分对策主要有线性和非线性微分对策、零和与非零及微分对策、多人微分对策等。微分对策的均衡解一般有两种：开、闭环纳什均衡解，解析方法主要有 Hamilton-Jacobi、极大极小值和 Isaacs-Bellman 三种方法。

第三节　问题描述与模型构建

一、问题描述

本章研究对象为由 OTA、TA 和游客构成的共创 O2O 模式，其关系如图 7-1 所示。TA 委托 OTA 销售价格为 p 旅游产品，OTA 进行销售努力 $S_O(t)$，如网站排位、宣传、促销等；TA 向游客提供线下体验服务 $S_T(t)$，如环境清洁、反应效率、专业咨询等服务。游客通过线上支付交易，OTA 获得佣金 θp，OTA 向 TA 支付除佣金外的收益 $(1-\theta)p$。另外，TA 为了吸引线上游客，增加产品销售量，与 OTA 开展合作，为其提供比例为 $\eta(t)$ 的销售补贴，以激励 OTA 提高通过排位加大宣传促销力度。

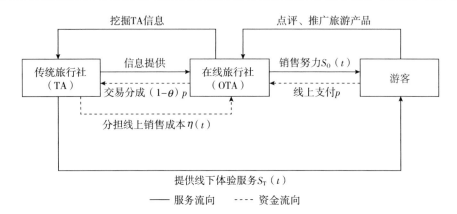

图 7-1 销售成本分担的共创 O2O 模式

二、模型构建

（1）TA 线下门店服务水平为 $S_T(t)$，OTA 销售努力为 $S_O(t)$。TA 的线下体验服务成本函数为 $C_T(t)$，随服务水平的增加而增加，即 $C'_T(S_T(t))>0$，且增加的幅度呈上升趋势，即 $C''_T(S_T(t))>0$；OTA 的销售成本函数为 $C_O(t)$，随销售努力的增加而增加，即 $C'_O(S_O(t))>0$，且增加的幅度呈上升趋势，即 $C''_O(S_O(t))>0$。考虑到成本的凹性特征，根据李佩（2020）的研究，设其为二次型函数，即 $C_T(t)=\frac{1}{2}\mu_T S_T^2(t)$ 和 $C_O(t)=\frac{1}{2}\mu_O S_O^2(t)$，其中 μ_T 表示 TA 的线下体验服务成本系数，μ_O 表示 TA 的销售成本系数。

（2）TA 的品牌形象 $G(t)$ 受 TA 服务努力水平的正向影响，随时间推移而动态改变，故采用如下随机微分方程表征品牌形象 $G(t)$：

$$\dot{G}(t)=\lambda_T S_T(t)-\delta G(t),\ G(0)=G_0\geqslant 0 \tag{7-1}$$

式中，λ_T 表示 TA 服务水平对 TA 的品牌形象的影响程度 $\lambda_T>0$；在 TA 不提供服务时，δ 为由市场竞争造成 TA 品牌形象的衰减系数，$\delta>0$。

（3）TA 为了吸引游客购买该旅游产品，采用"销售成本分担因子" $\eta(t)$ 激励 OTA 提供较大的销售努力，以此吸引游客购买，其中，$\eta(t)<1$，即假设 TA 只分担 OTA 部分的线上销售成本。

（4）假设游客购买受 TA 服务水平、OTA 线上销售努力和 TA 品牌形象的共同影响，则旅游市场需求函数为：

$$Q(t)=\alpha+w_O S_O(t)+w_T S_T(t)+\beta G(t) \tag{7-2}$$

式中，α 表示 TA 不提供服务、OTA 不提供销售努力时的旅游产品潜在需求，$\alpha>0$；w_O、w_T、β 分别表示 OTA 线上销售努力、TA 服务水平和 TA 品牌形象对市场需求的影响系数，w_O、w_T、$\beta>0$；忽略价格等因素对市场需求的影响（杨树等，2009）。

（5）根据 Guo 等（2013）的研究，假设 OTA 获得单位佣金为 θp，其中，θ 为佣金比例，p 为 OTA 销售旅游产品的价格；TA 提供旅游产品的单位生产成本为 c_T；结合线上和线下两大类客源构成，引入 τ 作为线上游客的比例 $0 \leqslant \tau \leqslant 1$，为了方便计算收益，线上游客则是经由 OTA 平台购买旅游产品的旅游者，而线下则是直接从线下体验店 TA 处购买旅游产品的旅游者，两种游客均可享受线下体验的服务。此处，OTA 与 TA 的边际收益简化为 $\pi_O=\tau\theta p$ 和 $\pi_T=(1-\theta)\tau p+(1-\tau)p-c_T=p-\tau\theta p-c_T$。

（6）设 OTA 和 TA 具有相同的正贴现率 ρ，且 $\rho>0$，假设双方是基于完全信息的理性决策者，目标均是在无限区间内寻求自身利润最大化。

根据（1）～（6）的假设内容，可分别得到 TA、OTA 以及双方共创 O2O 模式的目标函数。

TA 的目标函数为：

$$\Pi_T = \int_0^{+\infty} e^{-\rho t}\big[\pi_T(\alpha+w_O S_O(t)+w_T S_T(t)+\beta G(t))-C_T(t)-\eta(t)C_O(t)\big]d(t)$$

$$\tag{7-3}$$

OTA 的目标函数为：

$$\Pi_O = \int_0^{+\infty} e^{-\rho t} \big[\pi_O (\alpha + w_O S_O(t) + w_T S_T(t) + \beta G(t)) - (1 - \eta(t)) C_O(t) \big] d(t)$$

$$(7-4)$$

旅行社共创 O2O 模式的目标函数为：

$$\Pi = \int_0^{+\infty} e^{-\rho t} \big[(\pi_O + \pi_T)(\alpha + w_O S_O(t) + w_T S_T(t) + \beta G(t)) - C_O(t) - $$

$$C_T(t) \big] d(t) \qquad (7-5)$$

第四节　销售成本分担契约博弈模型分析

本节将开展不同合作机制下的博弈模型分析研究，首先，分析双方不开展合作的情况，用上标"N"表示非合作机制下的 Nash 非合作均衡；其次，研究销售成本分担机制，双方展开 Stackelberg 博弈，用上标"S"表示；最后，研究双方以 O2O 模式整体利润最大化目标的 Nash 协同合作机制，用上标"C"表示。

一、Nash 非合作博弈

当 TA 与 OTA 进行 Nash 非合作博弈时，双方同时独立选择各自的服务水平与销售努力，以最大化目标函数。Nash 非合作博弈下的决策有助于契约协调设计时考虑 TA 与 OTA 的参与约束，为双方契约协调效果提供参考。Nash 非合作博弈下的最优水平是契约协调各方收益的下限。

命题 7.1：在 Nash 非合作博弈情形下，TA 的销售成本分担比例为 $\eta(t) = 0$，TA 与 OTA 的静态反馈 Nash 均衡策略分别为：

$$S_T^{N*} = \frac{\pi_T\left[w_T(\rho+\delta)+\lambda_T\beta\right]}{\mu_T(\rho+\delta)} \tag{7-6}$$

$$S_O^{N*} = \frac{\pi_O w_O}{\mu_O} \tag{7-7}$$

由命题 7.1 可知，在不开展销售成本分担的情况下，TA 的线下体验服务水平与其服务成本系数 μ_T、品牌形象衰减率 δ 呈负相关，与其边际收益 π_T、线下体验服务对 TA 品牌形象的影响系数 λ_T、服务水平对需求的影响系数 w_T 以及品牌形象对需求的影响系数 β 正相关；表明 TA 将结合自身的成本投入与旅行产品的收益率、线下体验服务对品牌的影响力以及对旅游市场的促进效率，综合考虑 O2O 模式的市场环节做出最优的决策。将 π_T 表达式代入，使线下体验服务水平对线上市场比例 τ 以及佣金比例 θ 求导易知成反比，这是由于对 TA 而言，线下体验市场的游客边际收益高于线上市场游客。

OTA 的销售努力则与其销售努力成本系数 μ_O 呈负相关，与其边际收益 π_O、销售努力对旅游市场需求的影响系数 w_O 呈正相关。OTA 同样综合考虑自身的销售成本投入与收益率以及各因素对旅游市场需求的促进效用，做出最优销售努力决策。将 π_O 的表达式代入，求导易知 S_O^{N*} 与佣金比例 θ、线上市场比例 τ 成正比，即佣金比例与线上市场比例越高，OTA 的线上销售努力水平越高。由以上分析易知，TA 与 OTA 的最优决策都与其旅游产品的边际收益成正比，表示 TA 与 OTA 都是从自身收益最大化出发选择最优策略，并未考虑对方或整体 O2O 模式的利益。

证明： 为求解非合作博弈的马尔可夫精炼纳什均衡，假设存在一个连续有界微分函数 $V_i^N(G)$，$i \in (O,\ T)$ 对所有的 $G \geqslant 0$ 都满足汉密尔顿—雅克比—贝尔曼（Hamilton–Jacobi–Bellman，HJB）方程。

$$\rho \cdot V_T^N(G) = \max_{S_T}\left\{\pi_T(\alpha+w_O S_O+w_T S_T+\beta G)-\frac{1}{2}\mu_T S_T^2-\frac{1}{2}\eta\mu_O S_O^2+V_T^{N'}(G)(\lambda_T S_T-\delta G)\right\}$$

$$\tag{7-8}$$

$$\rho \cdot V_O^N(G) = \max_{S_O}\left\{\pi_O(\alpha+w_O S_O+w_T S_T+\beta G)-(1-\eta)\frac{1}{2}\mu_O S_O^2+V_O^{N'}(G)(\lambda_T S_T-\delta G)\right\}$$

$$(7-9)$$

由式（7-8）可知，为使自身利润最大化，理性的 TA 在非合作博弈下将不向 OTA 提供销售成本的激励，即 $\eta=0$。易知式（7-8）、式（7-9）分别是关于 S_T、S_O 的凹函数，分别对其求解关于 S_T、S_O 的一阶偏导，并令一阶导数为零得到如下最大化条件：

$$S_T=\frac{\pi_T w_T+\lambda_T V_T^{N'}(G)}{\mu_T}, \ S_O=\frac{\pi_O w_O}{\mu_O}$$

$$(7-10)$$

将式（7-10）代入式（7-8）、式（7-9）中，简化整理可得：

$$\rho \cdot V_T^N(G)=\pi_T\alpha+[\pi_T\beta-\delta V_T^{N'}(G)]G+\frac{[\pi_T w_T+\lambda_T V_T^{N'}(G)]^2}{2\mu_T}+\frac{\pi_O \pi_T w_O^2}{\mu_O}$$

$$(7-11)$$

$$\rho \cdot V_O^N(G)=\pi_O\alpha+[\pi_O\beta-\delta V_O^{N'}(G)]G+\frac{(\pi_O w_O)^2}{2\mu_O}+$$

$$\frac{[\pi_T w_T+\lambda_T V_T^{N'}(G)][\pi_O w_T+\lambda_T V_O^{N'}(G)]}{\mu_T}$$

$$(7-12)$$

根据式（7-11）和式（7-12），推测关于 G 的线性最优函数式是 HJB 方程的解，设：

$$V_T^N(G)=a_1^N G+b_1^N, \ V_O^N(G)=a_2^N G+b_2^N$$

$$(7-13)$$

式中，a_1^N、b_1^N、a_2^N、b_2^N 为未知常数，将式（7-13）及其对 G 的导数代入式（7-11）、式（7-12）中，可得：

$$\rho \cdot (a_1^N G+b_1^N)=\pi_T\alpha+[\pi_T\beta-\delta a_1^N]G+\frac{[\pi_T w_T+\lambda_T a_1^N]^2}{2\mu_T}+\frac{\pi_T \pi_O w_O^2}{\mu_O}$$

$$\rho \cdot (a_2^N G+b_2^N)=\pi_O\alpha+[\pi_O\beta-\delta a_2^N]G+\frac{(\pi_O w_O)^2}{2\mu_O}+\frac{[\pi_T w_T+\lambda_T a_1^N][\pi_O w_T+\lambda_T a_2^N]}{\mu_T}$$

整理并对比同类项系数，可得关于 a_1^N、b_1^N、a_2^N、b_2^N 的约束方程组，求解该方程组可得参数值为：

$$a_1^{N*} = \frac{\pi_T \beta}{\rho + \delta}, \quad b_1^{N*} = \frac{\pi_T \alpha}{\rho} + \frac{\pi_T^2 [w_T(\rho+\delta) + \lambda_T \beta]^2}{2\mu_T \rho(\rho+\delta)^2} + \frac{\pi_T \pi_0 w_0^2}{\mu_0 \rho}$$

$$a_2^{N*} = \frac{\pi_0 \beta}{\rho + \delta}, \quad b_2^{N*} = \frac{\pi_0 \alpha}{\rho} + \frac{\pi_0 \pi_T [w_T(\rho+\delta) + \lambda_T \beta]^2}{\mu_T \rho(\rho+\delta)^2} + \frac{(\pi_0 w_0)^2}{2\mu_0 \rho}$$

将以上参数值其代入式（7-13），可得 TA 与 OTA 的最优价值函数 $V_T^{N*}(G)$ 和 $V_0^{N*}(G)$ 分别为：

$$V_T^{N*}(G) = \frac{\pi_T^2 [w_T(\rho+\delta) + \lambda_T \beta]^2}{2\mu_T \rho(\rho+\delta)^2} + \frac{\pi_T \pi_0 w_0^2}{\mu_0 \rho} + \frac{\pi_T \beta}{\rho+\delta}G + \frac{\pi_T \alpha}{\rho} \tag{7-14}$$

$$V_0^{N*}(G) = \frac{\pi_0 \pi_T [w_T(\rho+\delta) + \lambda_T \beta]^2}{\mu_T \rho(\rho+\delta)^2} + \frac{(\pi_0 w_0)^2}{2\mu_0 \rho} + \frac{\pi_0 \beta}{\rho+\delta}G + \frac{\pi_0 \alpha}{\rho} \tag{7-15}$$

Nash 非合作博弈下，共创 O2O 模式系统最优价值函数为：

$$V^{N*}(G) = \frac{(\pi_0 + \pi_T)\beta}{\rho+\delta}G + \frac{\pi_T(2\pi_0 + \pi_T)[w_T(\rho+\delta) + \lambda_T \beta]^2}{2\mu_T \rho(\rho+\delta)^2}$$

$$+ \frac{\pi_0 w_0^2(2\pi_T + \pi_0)}{2\mu_0 \rho} + \frac{(\pi_0 + \pi_T)\alpha}{\rho} \tag{7-16}$$

将式（7-14）和式（7-15）对 G 的一阶导数分别代入式（7-10）可以得到命题 7.1，证毕。

二、销售成本分担的 Stackelberg 博弈

在销售成本分担契约下，首先，TA 决策自身服务水平和"销售成本分担因子"；其次，OTA 在观察到 TA 的行动后，再选择自身销售努力，故双方的销售努力与服务水平决策过程可视为 Stackelberg 博弈过程。TA 是决策的领导者，OTA 是行动的跟随者，首先分别建立双方的支付函数和博弈模型，其次用逆向归纳法分析模型。

命题 7.2：在 Stackelberg 博弈情形下，TA 的最优线下服务水平、OTA 的最

优销售努力及 TA 的"销售成本分担因子"分别为：

$$S_T^{S*} = \frac{\pi_T[\,w_T(\rho+\delta)+\lambda_T\beta\,]}{\mu_T(\rho+\delta)} \tag{7-17}$$

$$S_O^{S*} = \frac{w_O(2\pi_T+\pi_O)}{2\mu_O} \tag{7-18}$$

$$\eta^* = \frac{2\pi_T-\pi_O}{2\pi_T+\pi_O}, \quad \pi_T > \frac{\pi_O}{2} \tag{7-19}$$

由命题 7.2 可知，当 TA 为 OTA 分担部分销售服务成本时，OTA 的销售努力决策不仅与自身的边际收益呈正相关，还与 TA 的边际收益呈正相关，而且 TA 的边际收益对 OTA 的销售努力还具有两倍促进作用，表明销售成本分担机制有效促进了 OTA 在决策中会考虑 TA 旅游产品的边际收益，由此可以协调双方收益分配并提升整体 O2O 模式的总收益。将 π_T 与 π_O 表达式代入，求导可知 S_O^{S*} 与佣金比例 θ、线上市场比例 τ 呈负相关，与 Nash 非合作博弈不同，这是由于线上市场比例的降低引起 TA 边际收益的增大，从而销售成本分担比例 η 上升，此时，TA 提供的销售成本补贴将弥补 OTA 因边际收益下降而带来的收益损失。此外，TA 的最优"销售成本分担因子"与其边际收益呈正相关，这是由于 TA 边际收益增加使得 TA 收益上升，从而愿意承担更多的销售成本。

证明： 为了得到此博弈的 Stackelberg 均衡，运用逆向归纳法，首先假设存在连续有界的微分收益函数 $V_i^S(G)$，$i \in (O, T)$ 对所有的 $G \geqslant 0$ 都满足 HJB 方程。此时，OTA 满足如下 HJB 方程：

$$\rho \cdot V_O^N(G) = \max_{S_O} \left\{ \pi_O(\alpha+w_O S_O+w_T S_T+\beta G)-(1-\eta)\frac{1}{2}\mu_O S_O^2+V_O^{N'}(G)(\lambda_T S_T-\delta G) \right\} \tag{7-20}$$

易知式（7-20）是关于 S_O 的凹函数，对右端部分求它们对 S_O 的一阶偏导，令一阶导数为零得到如下最大化条件：

$$S_O = \frac{\pi_O w_O}{\mu_O(1-\eta)} \tag{7-21}$$

同命题 7.1 的证明过程相似，TA 的最优控制问题满足如下 HJB 方程：

$$\rho \cdot V_T^N(G) = \max_{S_T} \left\{ \pi_T(\alpha + w_O S_O + w_T S_T + \beta G) - \frac{1}{2}\mu_T S_T^2 - \frac{1}{2}\eta\mu_O S_O^2 + V_T^{N'}(G)(\lambda_T S_T - \delta G) \right\}$$

(7-22)

将式（7-21）代入式（7-22），令其右端对 S_T 和 η 求一阶偏导，且令其等于零，求解可得：

$$S_T = \frac{\pi_T w_T + \lambda_T V_T^{S'}(G)}{\mu_T}$$

(7-23)

$$\eta = \frac{2\pi_T - \pi_O}{2\pi_T + \pi_O}$$

(7-24)

将式（7-21）~式（7-24）代入式（7-20）、式（7-22），化简整理得到：

$$\rho \cdot V_O^N(G) = [\pi_O\beta - \delta V_O^{S'}(G)]G + \pi_O\alpha + \frac{\pi_O w_O^2(2\pi_T + \pi_O)}{4\mu_O} + [\pi_O w_T + \lambda_T V_O^{N'}(G)] \times$$

$$\left[\frac{\pi_T w_T + \lambda_T V_T^{S'}(G)}{\mu_T}\right]$$

(7-25)

$$\rho \cdot V_T^S(G) = [\pi_T\beta - \delta V_T^{S'}(G)]G + \pi_T\alpha + \frac{[\pi_T w_T + \lambda_T V_T^{S'}(G)]^2}{2\mu_T} + \frac{w_O^2(2\pi_T + \pi_O)^2}{8\mu_O}$$

(7-26)

由式（7-25）和式（7-26）可知，关于 G 的线性最优值函数是 HJB 方程的解，令：

$$V_O^S(G) = a_1^S G + b_1^S, \quad V_T^S(G) = a_2^S G + b_2^S$$

(7-27)

式中，a_1^S、b_1^S、a_2^S、b_2^S 为未知常数，将式（7-27）及其对 G 的导数代入式（7-25）、式（7-26）中，整理并对比同类项系数，可得关于 a_1^S、b_1^S、a_2^S、b_2^S 的约束方程组，求解该方程组可得参数值为：

$$a_1^{S*} = \frac{\pi_O\beta}{\rho + \delta}, \quad b_1^{S*} = \frac{\pi_O\alpha}{\rho} + \frac{\pi_T \pi_O[w_T(\rho + \delta) + \lambda_T\beta]^2}{\mu_T\rho(\rho + \delta)^2} + \frac{\pi_O w_O^2(2\pi_T + \pi_O)}{4\mu_O\rho}$$

$$a_2^{S*} = \frac{\pi_T \beta}{\rho+\delta}, \quad b_2^{S*} = \frac{\pi_T \alpha}{\rho} + \frac{\pi_T^2 [w_T(\rho+\delta)+\lambda_T \beta]^2}{2\mu_T \rho(\rho+\delta)^2} + \frac{w_O^2(2\pi_T+\pi_O)^2}{8\mu_O \rho}$$

将以上参数值代入式（7-27），可得：

$$V_O^{S*}(G) = \frac{\pi_O \beta}{\rho+\delta}G + \frac{\pi_O \alpha}{\rho} + \frac{\pi_T \pi_O [w_T(\rho+\delta)+\lambda_T \beta]^2}{\mu_T \rho(\rho+\delta)^2} + \frac{\pi_O w_O^2(2\pi_T+\pi_O)}{4\mu_O \rho} \tag{7-28}$$

$$V_T^{S*}(G) = \frac{\pi_T \beta}{\rho+\delta}G + \frac{\pi_T \alpha}{\rho} + \frac{\pi_T^2 [w_T(\rho+\delta)+\lambda_T \beta]^2}{2\mu_T \rho(\rho+\delta)^2} + \frac{w_O^2(2\pi_T+\pi_O)^2}{8\mu_O \rho} \tag{7-29}$$

服务成本分担的 Stackelberg 博弈下，共创 O2O 模式系统最优价值函数为：

$$V^{S*}(G) = \frac{(\pi_T+\pi_O)\beta}{\rho+\delta}G + \frac{\pi_T(\pi_T+2\pi_O)[w_T(\rho+\delta)+\lambda_T \beta]^2}{2\mu_T \rho(\rho+\delta)^2}$$

$$+ \frac{w_O^2(2\pi_T+3\pi_O)(2\pi_T+\pi_O)}{8\mu_O \rho} + \frac{(\pi_T+\pi_O)\alpha}{\rho} \tag{7-30}$$

将式（7-28）和式（7-29）对 G 求导，代入式（7-21）~式（7-24）可得命题 7.2。

三、协同合作博弈

在协同合作的集中式决策下，假设 OTA 与 TA 之间达成具有约束力的合作协议，委托一个中心决策者在以最大化共创 O2O 模式整体利益的前提下，确定双方销售努力 $S_O(t)$ 和线下体验服务水平 $S_T(t)$。且协同合作下的最优水平是契约协调的上限。实际中，适合于 TA 自建网站的情形，此时 TA 与其隶属的网站可进行联合统一决策。

命题 7.3：在协同合作博弈情形下，TA 的最优线下服务水平以及 OTA 的最优销售努力分别为：

$$S_T^{C*} = \frac{(\pi_T+\pi_O)[w_T(\rho+\delta)+\lambda_T \beta]}{\mu_T(\rho+\delta)} \tag{7-31}$$

$$S_O^{C*} = \frac{(\pi_T + \pi_O) w_O}{\mu_O} \tag{7-32}$$

由命题 7.3 可知，在协同合作机制下，TA 的线下门店服务水平、OTA 的最优销售努力水平与总边际收益（$\pi_O + \pi_T$）成正比，表明共创 O2O 模式协调合作下，中心决策者所做出的均衡决策依据不是以 TA 或 OTA 自身的收益最大化为目标，而是以综合收益最大化为目标，全面一致协调共创 O2O 模式的企业。其中，线上市场比例 τ 与佣金比例 θ 对 TA 的线下体验服务水平 S_T^{C*} 和 OTA 的线上销售努力 S_O^{C*} 无影响。另外，其他参数对双方决策的影响与本章第三节中的非合作机制分析类似，在此不再赘述。

证明： 为得到共创 O2O 模式合作博弈的均衡，运用逆向归纳法，首先假设存在连续有界的微分收益函数 $V^c(G)$，$i \in (O, T)$ 对所有的 $G \geqslant 0$ 都满足 HJB 方程：

$$\rho \cdot V^C(G) = \max_{S_O, S_T} \left\{ (\pi_T + \pi_O)(\alpha + w_O S_O + w_T S_T + \beta G) - \frac{1}{2}\mu_O S_O^2 - \frac{1}{2}\mu_T S_T^2 + \right.$$

$$\left. V^{C'}(G)(\lambda_T S_T - \delta G) \right\} \tag{7-33}$$

易知式（7-33）是关于 S_O 和 S_T 的联合凹函数，对式（7-33）分别对 S_O 和 S_T 求一阶导数，并令其等于零，可以得到：

$$S_O = \frac{(\pi_T + \pi_O) w_O}{\mu_O}, \quad S_T = \frac{(\pi_T + \pi_O) w_T + \lambda_T V^{C'}(G)}{\mu_T} \tag{7-34}$$

将式（7-34）代入式（7-33），化简整理得：

$$\rho \cdot V^C(G) = \left[(\pi_T + \pi_O)\beta - \delta V^{C'}(G) \right] G + \frac{\left[(\pi_T + \pi_O) w_O \right]^2}{2\mu_O} +$$

$$\frac{\left[(\pi_T + \pi_O) w_T + \lambda_T V^{C'}(G) \right]^2}{2\mu_T} + (\pi_T + \pi_O)\alpha \tag{7-35}$$

同样地，关于 G 的线性最优值函数是此 HJB 方程的解，令：

$$V^C(G) = a_3^C G + b_3^C \tag{7-36}$$

在式（7-36）中，a_3^C 和 b_3^C 均为未知常数，将式（7-36）及其对 G 的导数代入式（7-33），对比同类项分析可得 a_3^{C*} 和 b_3^{C*}，

$$a_3^{C*} = \frac{(\pi_T + \pi_O)\beta}{\rho + \delta},$$

$$b_3^{C*} = \frac{[(\pi_T + \pi_O)w_O]^2}{2\rho\mu_O} + \frac{(\pi_T + \pi_O)\alpha}{\rho} + \frac{(\pi_T + \pi_O)^2[w_T(\rho + \delta) + \lambda_T\beta]^2}{2\mu_T\rho(\rho + \delta)^2}$$

将其代入式（7-36）可得最优值函数为：

$$V^{C*}(G) = \frac{(\pi_T + \pi_O)\beta}{\rho + \delta}G + \frac{[(\pi_T + \pi_O)w_O]^2}{2\rho\mu_O} + \frac{(\pi_T + \pi_O)\alpha}{\rho} +$$

$$\frac{(\pi_T + \pi_O)^2[w_T(\rho + \delta) + \lambda_T\beta]^2}{2\mu_T\rho(\rho + \delta)^2} \tag{7-37}$$

将式（7-37）及其一阶导数代入式（7-34）可得命题 7.3，证毕。

四、三种博弈均衡结果比较分析

为了证明 TA 的销售成本分担能否有效协调 OTA 销售努力、TA 线下服务水平和双方收益，对 Nash 非合作博弈、销售成本分担的 Stackelberg 主从博弈和协同合作博弈三种情形下 TA 的最优线下服务水平、OTA 的最优销售努力及共创 O2O 模式的最优收益进行了比较。

命题 7.4：

（1）TA 的最优线下服务水平比较：$S_T^{N*} = S_T^{S*} < S_T^{C*}$。

（2）OTA 的最优销售努力比较：

当 $\pi_T > \dfrac{\pi_O}{2}$ 时，$S_O^{N*} < S_O^{S*} < S_O^{C*}$；

当 $\pi_T \leqslant \dfrac{\pi_O}{2}$ 时，$S_O^{S*} \leqslant S_O^{N*} < S_O^{C*}$。

（3）当 $\pi_T > \dfrac{\pi_O}{2}$ 时，"销售成本分担因子"为：$\eta^* = \dfrac{S_O^{S*} - S_O^{N*}}{S_O^{S*}}$。

由命题 7.4 可知，当 $\pi_T > \dfrac{\pi_O}{2}$ 时，与无销售成本分担的 Nash 非合作博弈决策相比，在有销售成本分担的 Stackelberg 博弈下，TA 的线下体验服务水平保持不变，而 OTA 的线上销售努力会增加，且增加幅度等于"销售成本分担因子"；在协同合作的集中决策下，TA 的线下体验服务水平与 OTA 的线上销售努力均为最高。

当 $\pi_T \leqslant \dfrac{\pi_O}{2}$ 时，TA 不仅不会分担 OTA 的销售服务成本，而且还会对 OTA 较低的销售努力收取一定的费用，这时，与无销售成本分担的 Nash 非合作博弈相比，OTA 的线上销售努力水平有所下降，降低了 OTA 提供高销售努力的积极性。

证明：

（1）根据式（7-6）、式（7-17）、式（7-31）可得：

$$S_T^{S*} - S_T^{N*} = 0, \quad S_T^{C*} - S_T^{S*} = \frac{\pi_O [w_T(\rho+\delta) + \lambda_T \beta]}{\mu_T(\rho+\delta)} > 0, \quad 显然，\ S_T^{C*} > S_T^{S*}。$$

（2）根据式（7-7）、式（7-18）、式（7-32），可得：

$$S_O^{S*} - S_O^{N*} = \frac{w_O(2\pi_T - \pi_O)}{2\mu_O},$$

可见，当 $\pi_T > \dfrac{\pi_O}{2}$ 时，$S_O^{S*} > S_O^{N*}$；当 $\pi_T \leqslant \dfrac{\pi_O}{2}$ 时，$S_O^{S*} \leqslant S_O^{N*}$；

$$S_O^{C*} - S_O^{S*} = \frac{\pi_O w_O}{2\mu_O} > 0。$$

（3）根据式（7-7）、式（7-18）、式（7-19）可得：

$$S_O^{S*} - S_O^{N*} = \frac{w_O(2\pi_T + \pi_O)}{2\mu_O} \times \frac{2\pi_T - \pi_O}{2\pi_T + \pi_O} = S_O^{S*} \times \eta^*。$$

命题 7.5： 对任意的 $G \geqslant 0$，

（1）TA 最优收益：$V_T^{S*}(G) > V_T^{N*}(G)$。

（2）OTA 最优收益：

当 $\pi_T > \dfrac{\pi_O}{2}$ 时，$V_O^{S*}(G) > V_O^{N*}(G)$；

当 $\pi_T \leqslant \dfrac{\pi_O}{2}$ 时，$V_O^{S*}(G) \leqslant V_O^{N*}(G)$。

（3）TA 与 OTA 收益增量：

当 $\dfrac{\pi_O}{2} < \pi_T < \dfrac{3\pi_O}{2}$ 时，$V_T^{S*}(G) - V_T^{N*}(G) < V_O^{S*}(G) - V_O^{N*}(G)$；

当 $\pi_T \geqslant \dfrac{3\pi_O}{2}$ 时，$V_T^{S*}(G) - V_T^{N*}(G) > V_O^{S*}(G) - V_O^{N*}(G)$。

（4）共创 O2O 模式系统收益：

当 $\pi_O > \dfrac{\pi_T}{2}$ 时，$V^{C*}(G) > V^{S*}(G) > V^{N*}(G)$；

当 $\pi_O \leqslant \dfrac{\pi_T}{2}$ 时，$V^{C*}(G) > V^{N*}(G) \geqslant V^{S*}(G)$。

由命题 7.5 可知，当 $\pi_T > \dfrac{\pi_O}{2}$ 时，在有销售成本分担的 Stackelberg 博弈下，TA 和 OTA 的收益都大于无成本分担的 Nash 非合作博弈时的收益，其中，TA 的收益增量与其边际收益相关，这说明销售成本分担契约可以满足双方的参与约束，具有自执行的性质，且可以改善 TA 和 OTA 收益；当 $\dfrac{\pi_O}{2} < \pi_T < \dfrac{3\pi_O}{2}$ 时，对 OTA 收益的改善效果大于对 TA 收益的改善效果；当 $\pi_T \geqslant \dfrac{3\pi_O}{2}$ 时，对 TA 收益的改善效果大于对 OTA 收益的改善效果，可见，当 TA 的边际收益较高时，更应该采用销售成本分担契约，激励 OTA 做出更大的线上销售努力水平。当 $\pi_O \leqslant \dfrac{\pi_T}{2}$ 时，销售成本分担的 Stackelberg 博弈下，可以使 TA 的收益得到改善，却降低了 OTA 的收

益，不满足 OTA 的参与约束。可见，$\pi_T > \dfrac{\pi_o}{2}$ 才是服务成本分担契约成立的必要条件。另外，协同合作的集中式决策情形下，旅行社共创 O2O 模式系统的最优收益大于无成本分担的 Nash 非合作博弈和有成本分担的 Stackelberg 博弈决策情形下的最优收益。但只有当 OTA 和 TA 协同合作时的收益大于非协同合作时收益，此时的策略才能被双方接受。双方讨价还价的能力决定了各自所占共创 O2O 模式系统收益增量的份额。

证明：根据最优价值函数式（7-14）、式（7-15）、式（7-28）、式（7-29）可得：

（1）
$$V_T^{S*}(G) - V_T^{N*}(G) = \frac{w_o^2 (2\pi_T - \pi_o)^2}{8\mu_o \rho} \tag{7-38}$$

（2）
$$V_O^{S*}(G) - V_O^{N*}(G) = \frac{\pi_o w_o^2 (2\pi_T - \pi_o)}{4\mu_o \rho} \tag{7-39}$$

显然，当 $\pi_T > \dfrac{\pi_o}{2}$ 时，$V_O^{S*}(G) > V_O^{N*}(G)$。

（3）
$$V_O^{S*}(G) - V_O^{N*}(G) - \left[V_T^{S*}(G) - V_T^{N*}(G) \right] = \frac{(\pi_o - 2\pi_T)(2\pi_T - 3\pi_o) w_o^2}{8\mu_o \rho}$$

显然，当 $\dfrac{\pi_o}{2} < \pi_T < \dfrac{3\pi_o}{2}$ 时，$V_T^{S*}(G) - V_T^{N*}(G) < V_O^{S*}(G) - V_O^{N*}(G)$；

当 $\pi_T \geqslant \dfrac{3\pi_o}{2}$ 时，$V_T^{S*}(G) - V_T^{N*}(G) > V_O^{S*}(G) - V_O^{N*}(G)$。

（4）根据式（7-16）、式（7-30）、式（7-37）可得：

$$V^{T*}(G) - V^{N*}(G) = \frac{(2\pi_T - \pi_o)(2\pi_T + \pi_o) w_o^2}{8\mu_T \rho}$$

显然，当 $\pi_T > \dfrac{\pi_o}{2}$ 时，$V^{T*}(G) > V^{N*}(G)$；

当 $\pi_T \leqslant \dfrac{\pi_o}{2}$ 时，$V^{T*}(G) \leqslant V^{N*}(G)$；

$$V^{C*}(G) - V^{T*}(G) = \frac{w_O^2 \pi_O^2}{8\mu_O\rho} + \frac{\pi_O^2 [w_T(\rho+\delta) + \lambda_T\beta]^2}{2\mu_T\rho(\rho+\delta)^2} > 0;$$

$$V^{C*}(G) - V^{N*}(G) = \frac{\pi_T^2 w_O^2}{2\rho\mu_O} + \frac{\pi_O^2 [w_T(\rho+\delta) + \lambda_T\beta]^2}{2\mu_T\rho(\rho+\delta)} > 0。$$

第五节　收益共享契约的设计

通过分析 Nash 非合作博弈、销售成本分担的 Stackelberg 博弈和协同合作博弈，发现协同合作收益下的 TA 与 OTA 共创 O2O 模式的收益最高。在这种情况下，双方会选择合理的合作契约实现利益分割，达到最高收益。此时，TA 与 OTA 将 Nash 非合作博弈与销售成本分担的 Stackelberg 博弈下的最高收益作为保留收益，如果在合作情境下，任何一个成员分得的收益少于其保留收益，那么合作契约无法实施，本节选择收益共享来实现双方共创 O2O 模式的收益分配。

在实施收益共享契约时，TA 与 OTA 应通过协商确定合作共创 O2O 模式总合作价值的分割比例，本章把 OTA 获得的总合作价值设为 φ，则 TA 利润份额为 $1-\varphi$，其中 $0 \leq \varphi \leq 1$。当 $\pi_T > \frac{\pi_O}{2}$ 时，TA 与 OTA 的保留利润分别为：

$$\underline{V}_T = V_T^S, \quad \underline{V}_O = V_O^S$$

当 $\pi_T \leq \frac{\pi_O}{2}$ 时，TA 与 OTA 的保留利润分别为：

$$\underline{V}_T = V_T^N, \quad \underline{V}_O = V_O^N$$

实施利润共享契约时，TA 与 OTA 必须满足一定的利润分割比例，即需满足以下条件：

$$\begin{cases} \varphi V^C \geq \underline{V}_O \\ (1-\varphi)V^C \geq \underline{V}_T \end{cases}$$

可以求得 φ 需满足 $\left[\dfrac{V_O}{V^C},\ \dfrac{V^C-V_T}{V^C}\right]$，为表示方便，令：

$$\underline{\varphi}=\frac{V_O}{V^C},\quad \overline{\varphi}=\frac{V^C-V_T}{V^C}$$

在既定的收益分配区间内 $\left[\underline{\varphi},\ \overline{\varphi}\right]$，TA 与 OTA 都希望从共创 O2O 模式产生的价值中分享到较多的利润，TA 与 OTA 与收益的分割比例更大，TA 尽可能地向靠近 $\underline{\varphi}$，而 OTA 则更希望分割比例尽可能接近 $\overline{\varphi}$。本章采用 Rubinstein（1982）讨价还价模型中的贴现因子或者贴现率表示参与者"讨价还价能力"或者"耐心程度"，是一种讨价还价的成本，其中，贴现因子越接近 1，表示该合作者的讨价还价能力越强，在收益共享中获得的收益越多。这种讨价还价能力常与合作参与者的风险厌恶程度、谈判成本以及核心竞争力有关。本章中假设 θ_T、θ_O 分别为 TA 与 OTA 的贴现因子。

考虑到 TA 在合作中处于主导地位，则 TA 作为先出价者，本章采用 Rubinstein 轮流出价的讨价还价模型定理，OTA 与 TA 获得协同合作契约下 O2O 模式的收益的份额分别为：

$$\begin{cases} \varphi=\dfrac{\theta_O(1-\theta_T)}{1-\theta_T\theta_O}(\overline{\varphi}-\underline{\varphi})+\underline{\varphi} \\[3mm] (1-\varphi)=1-\dfrac{\theta_O(1-\theta_T)}{1-\theta_T\theta_O}(\overline{\varphi}-\underline{\varphi})-\underline{\varphi} \end{cases}$$

此时 OTA 与 TA 的价值函数可以表示为：

$$V_O=\left[\frac{\theta_O(1-\theta_T)}{1-\theta_T\theta_O}(\overline{\varphi}-\underline{\varphi})+\underline{\varphi}\right]V^C \tag{7-40}$$

$$V_T=\left[1-\frac{\theta_O(1-\theta_T)}{1-\theta_T\theta_O}(\overline{\varphi}-\underline{\varphi})-\underline{\varphi}\right]V^C \tag{7-41}$$

从式（7-40）和（7-41）可以看出，合作参与者的谈判成本越低或者风险厌恶程度较低，或者核心竞争能力越强时，其获得的共享收益就越多。当 TA 的谈判成本越低或者风险厌恶程度较低时，TA 从合作中获得的共享收益越多，而 OTA 则从合作共创 O2O 模式中获得的共享收益较少。而当 OTA 在合作中核心竞争力较高时，其讨价还价能力越强，分得的收益则较大，相应地，TA 则分得的收益比例较小，收益水平也较低。

第六节　算例分析

为了进一步对比三种机制下 OTA、TA 和系统收益以及销售成本分担契约的改善效果。本节基于 MATLAB 平台通过算例研究，对销售成本分担前后 OTA 与 TA 收益、共创 O2O 模式系统收益、销售努力水平对旅游市场影响 w_T 和销售成本系数 μ_T 对销售成本分担契约 Pareto 的改善效果进行了分析。假设算例相关参数设定如下：$\theta = 0.4$，$p = 10$，$\tau = 0.6$，$c_O = 0.5$，$c_T = 5$，$\mu_O = 6$，$\mu_T = 8$，$\lambda_T = 2$，$a = 10$，$w_O = 3$，$w_T = 2$，$\rho = 0.4$，$\delta = 0.5$，$\beta = 1$，$G_0 = 0$。

一、收益对比分析

（1）根据式（7-14）、式（7-15）、式（7-28）、式（7-29），销售成本分担前后 TA 与 OTA 收益（见图 7-2），销售成本分担后的最优价值函数 $V_T^{S*}(G)$ 和 $V_O^{S*}(G)$ 均处于成本分担前最优价值函数值 $V_O^{N*}(G)$ 和 $V_T^{N*}(G)$ 的上方，可见利用销售成本分担契约可以达到 TA 和 OTA 的 Pareto 改善，且对 OTA 收益的改善效果优于对 TA 收益的改善效果，从图 7-1 服务成本分担前后 OTA 和 TA 收益变化的垂直距离也可以反映出双方的改善效果不同。

由于 TA 分担了 OTA 的线上销售成本，OTA 会提高线上销售努力从而带动更

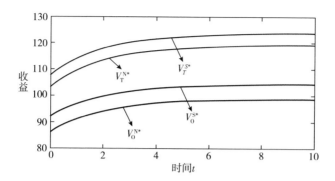

图 7-2　销售成本分担前后双方收益对比

多的市场需求，市场需求的增加最终将增加 OTA 的收益。此时，虽然 TA 分担了一部分线上销售成本，但市场需求增加所带来的收益能够弥补承担的销售成本，故 TA 的收益也将增加，双方都能达到 Pareto 改善。同时，由于 OTA 线上销售成本的降低增加了 OTA 的收益，而 TA 只有需求增加带来收益的增长，当边际收益较小时，收益增加有限，因此，此时的销售成本分担契约对 OTA 的改善效果要优于 TA 的改善效果。

（2）根据式（7-16）、式（7-30）、式（7-35）得到，三种情况下旅行社共创 O2O 模式系统收益对比关系（见图 7-3）。由图 7-3 可以看出，三种情况下旅行社共创 O2O 模式系统最优收益情况是：$V^{C*}(G) > V^{S*}(G) > V^{N*}(G)$；其中，有销售成本分担契约的 Stackelberg 博弈可以达到共创 O2O 模式系统收益的 Pareto 改善。

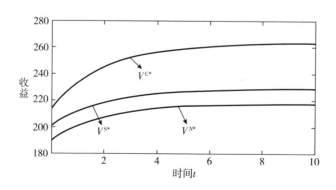

图 7-3　三种情况下共创 O2O 模式系统收益对比

OTA 和 TA 协同合作集中式决策时，共创 O2O 模式系统的总利润远大于其他两种非协同合作时的总利润，进一步验证了命题 7.5 的结论。另外，协同合作的集中式决策情形下，共创 O2O 模式系统总利润增长较快，其他两种非协同合作的总收益增加较慢，说明协同合作明显优于非协同合作，可以为双方销售合作提供参考，而对于共创 O2O 模式系统收益增加额的再分配则取决于双方的谈判能力。

二、销售成本分担契约的改善效果

（1）根据式（7-38）、式（7-39）得到，参数 w_0 对销售成本分担契约 Pareto 改善效果的影响（见图 7-4）。由图 7-4 可以看出，随着 OTA 线上销售努力对市场需求影响越大，销售成本分担契约对 OTA 和 TA 收益的改善效果越明显。

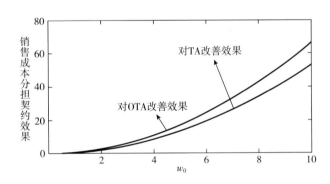

图 7-4 w_o 对销售成本分担契约改善效果的影响

随着 OTA 线下销售努力对旅游市场需求影响越大，游客对线上销售的敏感性增加，OTA 的单位线上销售努力可以带来更多的市场需求，此时，TA 通过对销售成本分担契约对 OTA 的激励效果越明显。TA 可以通过调查 OTA 线上销售努力对旅游市场的影响水平，进一步确定"销售成本分担因子"。

（2）根据式（7-38）、式（7-39）得到，参数 μ_0 对销售成本分担契约 Pareto 改善效果的影响见图 7-5。由图 7-5 可以看出，随着 OTA 的线上销售成本系数提高，销售成本分担契约对 TA 和 OTA 收益的改善效果逐渐降低。OTA 提供线下销售努力的成本系数越大，TA 需要付出更多的成本，此时，TA 对 OTA 的成本激励效果不明显，因此，TA 在进行销售成本分担决策时，要综合考虑 OTA 的线上销售成本因素，在 OTA 线上销售成本较小时，予以较大的分担，而在其线上销售成本较大时，提供较少分担或者不分担的策略。

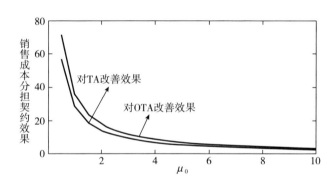

图 7-5　μ_0 对销售成本分担契约改善效果的影响

本章小结

以共创的 O2O 模式为研究对象，构建了 OTA 与 TA 共创 O2O 模式的微分博弈模型，运用 HJB 方程分别求得了 Nash 非合作博弈、有销售成本分担的 Stackelberg 博弈以及协同合作下 TA 的最优线下体验服务水平、OTA 的最优线上销售水平、双方最优收益及 TA 的最优成本分担比例，并对三种博弈结果进行了对比分析；另外，为了使 TA 与 OTA 获得更多的合作价值设计了收益共享契约协调共创 O2O 模式的收益，结论有以下四个：

（1）TA 和 OTA 综合成本投入、收益以及各因素对旅游市场需求的影响，进行线下体验服务水平和销售努力的决策，且在销售成本分担契约下，OTA 不仅考虑自身的边际收益，也会考虑 TA 的边际收益，而在协同合作下，TA 与 OTA 均会考虑自身及对方的边际收益。

（2）当 TA 的边际收益满足 $\pi_T > \dfrac{\pi_O}{2}$ 时，与 Nash 非合作博弈相比，TA 的服务决策与 OTA 的销售决策变化程度不同。其中，OTA 线上销售努力水平增加幅度等于"销售成本分担因子"，而 TA 线下体验服务水平则保持不变。

（3）与非合作机制相比，销售成本分担使整个共创 O2O 模式系统以及各成员的收益得到改善，TA 的收益增量与其边际收益相关，且当边际收益足够大时，对 TA 收益的改善效果越明显，TA 利用销售成本分担契约激励 OTA 提供线上销售努力水平的动机越大。

（4）当 TA 与 OTA 进行以共创 O2O 模式整体收益最大化的协同合作博弈时，TA 的线下门店体验服务水平与 OTA 的线上销售努力水平最高，且共创 O2O 模式的总收益达到最优，与总边际收益成正比，对 OTA 和 TA 来说，协同合作博弈是 Pareto 最优的，此时双方可采用收益共享契约进行协调共创的 O2O 模式。

第八章　结论及展望

第一节　研究结论及启示

一、研究结论

本书在总结O2O模式、互补性资源以及TA与OTA合作相关文献的基础上，结合资源基础理论、交易成本理论和委托代理理论，开展旅行社共创的O2O模式的互补性资源共享决策、不同合作形式下发挥资源互补优势的旅行社共创的O2O模式的合作与契约策略研究，主要得到以下四个结论：

（1）TA与OTA在合作共创O2O模式时，双方需要在合作中共享互补性资源并投入合作努力。结合交易成本、资源基础等理论，综合考虑TA与OTA互补性资源共享的收益与效率损失构建了合作收益模型，运用Stackelberg博弈分析了双方互补性资源的最优共享策略和调整行为。研究发现，合作主导者的收益达到其阈值时，双方才能达成合作；资源之间存在不完全的互补关系，资源与合作努力之间存在替代关系；双方可调整资源共享与合作努力投入比例，控制资源的效率损失；双方互补性资源共享和合作努力投入比例与其在共创 O2O 模式中的成本收益比相一致。

（2）为了发挥 TA 与 OTA 的资源互补优势，双方同时建立线上销售和线下服务的双向委托合作关系，共创 O2O 模式。在对称信息的框架下，建立了 TA 与 OTA 线下销售与线下服务合作的 Stackelberg 和 Bertrand 模型。研究发现，当一方采取提价或降价策略时，合作方也会采取相同的价格策略，但提价或降价幅度较小；当 TA 为 OTA 提供的服务水平低于自身服务水平时，OTA 选择服务成本较低的 TA 合作可以保持低价策略；当单位销售佣金大于其阈值时，与 Bertrand 竞争相比，在 Stackelberg 竞争下双方产品的价格较低；TA 总是偏好做合作的领导者，而 OTA 在单位销售佣金较高时，选择独立定价，而在单位销售佣金较低时，愿意作 TA 定价的跟随者。

（3）在 OTA 单向委托 TA 提供线下服务共创 O2O 模式中，OTA 服务报酬契约的合理性是保证 O2O 模式高效运营的重要因素。考虑 TA 线下服务能力与服务努力信息不对称，建立了信息对称与不对称情况下 OTA 与 TA 的服务合作模型。研究发现，通过分离契约，TA 能如实分享自身的服务信息；OTA 的契约中的固定支付与 OTA 的销售能力、成本、努力等有关，而 TA 的服务成本、风险规避能抵消服务报酬率对 TA 的激励作用；当 TA 为高服务能力类型时，OTA 给予 TA 较大的固定支付，激励 TA 参与合作；当 TA 为低服务能力类型时，OTA 提高服务报酬率激励 TA 付出较高的服务努力；信息不对称总是会造成 OTA 期望收益受损，除最低服务能力类型的 TA 外，其他类型的 TA 均能获得严格的信息租金。

（4）在 TA 单向委托 OTA 线上销售旅游产品共创 O2O 模式中，设计有效的契约协调和优化共创 O2O 模式，是提升双方合作价值的有效途径。本书在旅行社共创 O2O 模式的市场需求同时受线上销售努力与线下实体店体验服务水平的共同影响下，兼顾 TA 与 OTA 合作共创 O2O 模式的长期性与动态性，为了增加双方收益，构建了 TA 与 OTA 线上销售合作的微分博弈模型。研究发现，TA 与 OTA 会综合自身的成本、收益以及各因素对旅游市场需求影响，做出最优线下体验服务水平和线上销售努力决策；销售成本分担契约与协同合作均优于非合作独立决策状态，能够有效引导 TA 提供高质量线下体验服务，并改善共创 O2O 模式参与双方的收益和系统总收益。其中，在销售成本分担契约下，TA 和 OTA 之间的边际收益关系影响双方收益的改善效果，且在协同合作下，双方可采用收益共享契约进行协调共创的 O2O 模式。

二、管理启示

本书也有一定的管理启示，总结如下：

1. 在合作中，TA 与 OTA 均应充分考虑资源的共享带来的收益与风险，并建立公平、信任的合作机制

（1）TA 与 OTA 在选择是否通过合作共创 O2O 模式时，应关注共享资源所带来效率损失。双方互补性资源的共享对共创 O2O 模式的形成具有不可替代的作用，但资源的共享会引起不必要的风险与协调成本，导致企业核心竞争力的丧失。TA 与 OTA 在参与共创 O2O 模式之初就应考虑到资源共享带来的损失成本，可以避免在合作中获取的收益难以弥补资源共享带来损失的处境发生。

（2）TA 与 OTA 可以在合作共创 O2O 模式中获得间接收益，例如，双方可以相互学习对方的技术资源、产品资源等；TA 可以获得 OTA 自由行的产品丰富自身的旅游产品库；OTA 在引入 TA 的包价游产品后，通过分析游客的搜索、交易等数据可以形成数据资源财产；TA 与 OTA 的合作避免了双方竞争，从而达到强强联手的共赢局面。故在共创 O2O 模式过程中双方不仅要关注合作所获得的

直接收益，也要对在合作过程中所获得间接收益引起重视。

（3）TA 与 OTA 的资源共享应当与其带来的收益成本相一致，这就意味着 TA 与 OTA 的资源共享保持最佳比例。否则，双方就会感到不公平，合作则难以持续，从而不利于共创 O2O 模式的顺利进行。

（4）双方在共创 O2O 模式时，应建立公平、信任的合作机制。有效整合资源、建立信任、合作双方的目标匹配是合作共创 O2O 模式成功的要素。只有当双方处在相互信任的基础上，降低对方资源共享的风险与协调成本，双方才会增大资源共享量以及合作努力程度，促进共创 O2O 模式的成功，产生更大的合作价值。

2. TA 与 OTA 在建立线上销售线下服务合作、发挥互补性资源效率的同时，应关注伙伴选择、竞争结构以及契约建立等问题

（1）互补性资源效率的有效发挥对 TA 与 OTA 共创 O2O 模式的成功至关重要，双方在合作时就应考虑如何将合作方的资源与自身的资源进行有效整合。线上销售与线下服务契约的建立，能够充分发挥 OTA 线上销售和 TA 线下建议的优势，从而提升整体竞争水平。

（2）TA 合作伙伴的选择直接影响到 OTA 的价格策略和服务成本。如果 OTA 想要保持低价或支付较低的服务报酬，则 OTA 应选择服务成本较低的 TA 进行合作。

（3）对 TA 来说，成为合作的领导者是其最优战略。在这种情况下，TA 的收益最大，而当销售佣金比例较少时，OTA 愿意做 TA 的跟随者，TA 与 OTA 均有可能保持低价策略。

（4）充分考虑各合作参数对合作契约的影响。TA 应在其产品线上市场的潜在需求比例较大时，与 OTA 建立低单位销售佣金的销售合作关系，才能在线上销售合作中获益；OTA 应与 TA 建立低服务水平与低单位服务报酬系数的服务合

作关系，才能在线下服务合作中获得收益。

3. 加强合作双方信息对称，合理设计服务报酬契约

（1）OTA 在与 TA 合作共创 O2O 模式时，应促使 TA 提供自身的门店数量、销售服务人员水平和结构、旅游体验技术、历史服务评价、投诉处理等信息，以便 OTA 从这些信息中判断反映 TA 的服务能力、风险偏好，从而对 TA 做出恰当的激励决策。

（2）结合 OTA 自身的销售成本、能力、努力等情况，并考虑 TA 的风险规避、服务能力、服务成本等信息，权衡固定支付与服务报酬率对 TA 不同的激励作用来设计合理的服务报酬契约，既保证 TA 参与共创 O2O 模式的积极性，在提高 TA 服务努力水平的同时，也促使共创 O2O 模式的成功。

4. 通过成本分担合作或收益共享，TA 与 OTA 的收益可以获得较优的改进

在对合作的研究过程中，学者们首先以"集体理性"开展研究，强调合作方通过集中决策，获得合作价值的最大化。但"集体理性"的理念的设计常常存在合作方所获收益可能不公平的问题。随着合作研究的发展以及经济实践的探索，学者们开始认识到，在很多合作决策中，合作参与方并非是"集体理性"的，参与者首先考虑的问题是自身的收益如何最大化，而非共同收益。当共同收益与自身收益最大化出现冲突时，参与者往往以自身利益出发做出不利于集体最优的决策。在"个体理性"的作用下，非合作博弈往往低于协同合作博弈的情形，即整体的收益受到损失，本书的结论也证明了这一观点。为了增大双方的合作价值以及维持双方长期合作关系，可行的办法是建立合作契约或经由谈判，鼓励双方进一步合作，从而使合作参与方的均衡状态以及均衡收益得到改进，提升共创 O2O 模式的整体经济效益。

第二节　后续研究展望

由于时间仓促和笔者水平有限，尚有以下内容需进一步深入研究：

（1）本书主要采用构建数理模型、算例分析方法，通过博弈分析互补性资源共享下 TA 与 OTA 共创 O2O 模式的合作策略。虽然数理模型在经济管理中已经得到了广泛的应用，但数理模型的优势是在"理想"环境中，通过一系列假设和逻辑推理，最后得出的结论。然而，在 TA 与 OTA 合作共创 O2O 模式的实践中，合作环境及变量受各种各样因素的扰动，模型中设定的假设越多，模型解释现实合作情况受到限制。未来可进一步研究具体情景下的案例分析，以及多样本的实证分析等，丰富相关的研究成果。

（2）本书是在假设 TA 与 OTA 都是理性的基础上，使用博弈方法分析旅行社合作关系中互补性资源的共享问题，未来可进一步从非理性的视角，研究双方合作中互补性资源的共享问题。另外，也可在本书研究基础上，通过改变资源共享量、努力程度，研究调整资源效率损失的具体方法，以及考虑互补性资源的互补程度对合作共创 O2O 模式的影响。

（3）本书仅从委托代理授权方向不同，提出了双方实现 O2O 模式的不同合作方式，在实际的合作过程中存在其他的合作情况，如 TA 与 OTA 共享旅游产品资源、共享 OTA 的技术资源，需对比并进一步开展研究；另外，本书仅考虑单向委托合作下契约设计与协调问题，未来可进一步研究双向委托合作下的契约对双方合作的激励与约束作用。

参考文献

［1］Amrouche N，Pei Z，Yan R. Service Strategies and Channel Coordination in the Age of E-commerce ［J］. Expert Systems With Applications，2023（214）:119-135.

［2］Arrow K J. The Economics of Agency. En: Pratt y Zeckhauser（edits.） Principals and Agents: The Structure of Business ［M］. Boston: Harvard Business School Press，1985.

［3］Bell D R，Gallino S，Moreno A. How to Win in an Omnichannel World ［J］. MIT Sloan Management Review，2014，56（1）: 44-53.

［4］Bell D R，Gallino S，Moreno A. Showrooms and Information Provision in Omni-channel Retail ［J］. Production and Operations Management，2015，24（3）: 360-362.

［5］Bennett M M，Lai C K. The Impact of the Internet on Travel Agencies in Taiwan ［J］. Tourism & Hospitality Research，2005，6（1）: 8-23.

［6］Bitner M J，Booms B H. Trends in Travel and Tourism Marketing: The Changing Structure of Distribution Channels ［J］. Journal of Travel Research，1982，20（4）: 39-44.

［7］Bravo R, Hem L E, Pina J M. From Online to Offline Through Brand Extensions and Alliances ［J］. International Journal of E-Business Research, 2012, 8 （1）: 17-34.

［8］Brunger W G. The Impact of the Internet on Airline Fares: The Internet Price Effect ［J］. Journal of Revenue & Pricing Management, 2010, 9 （1-2）: 66-93.

［9］Cazaubiel A, Cure M, Johansen B O, Vergé T. Substitution between Online Distribution Channels: Evidence From the Oslo Hotel Market ［J］. International Journal of Industrial Organization, 2020, 69: 102577.

［10］Cao J, So K C, Yin S Y, et al. Impact of an "Online-to-store" Channel on Demand Allocation, Pricing and Profitability ［J］. European Journal of Operational Research, 2016, 248 （1）: 234-245.

［11］Christian H, Christian L. A Signaling Perspective on Partner Selection in Venture Capital Syndicates ［J］. Entrepreneurship Theory and Practice, 2014, 38 （3）: 635-670.

［12］Cobeña M, Gallego A, Casanueva C. Heterogeneity, Diversity and Complementarity in Alliance Portfolios ［J］. European Management Journal, 2017, 35 （4）: 464-476.

［13］Dahan N M, Doh J P, Oetzel J, Yaziji M. Corporate-NGO Collaboration: Co-creating new Business Models for Developing Markets ［J］. Long Range Planning, 2010, 43 （2-3）: 326-342.

［14］Dai H, Xiao Q, Chen S, Zhou W. Data-driven Demand Forecast for O2O Operations: An Adaptive Hierarchical Incremental Approach ［J］. International Journal of Production Economics, 2023 （259）: 108833.

［15］Das T K, Teng B S. A Resource-based Theory of Strategic Alliances ［J］.

Journal of Management, 2000, 26 (1): 31-61.

[16] Ding X H, Huang R H. Effects of Knowledge Spillover on Inter-organizational Resource Sharing Decision in Collaborative Knowledge Creation [J]. European Journal of Operational Research, 2010, 201 (3): 949-959.

[17] Dong Y, Ling L. Hotel Overbooking and Cooperation with Third-party Websites [J]. Sustainability, 2015, 7 (9): 11696-11712.

[18] Dussauge P, Garrette B, Mitchell W. Learning from Competing Partners: Outcomes and Durations of Scale and Link Alliances in Europe, North America and Asia [J]. Strategic Management Journal, 2000, 21 (2): 99-126.

[19] Gallino S, Moreno A, Stamatopoulos I. Channel Integration, Sales Dispersion, and Inventory Management [J]. Management Science, 2016, 63 (9): 2813-2831.

[20] Gazzoli G, Kim W G, Palakurthi R. Online Distribution Strategies and Competition: Are the Global Hotel Companies Getting it Right? [J]. International Journal of Contemporary Hospitality Management, 2008, 20 (4): 375-387.

[21] Guo X, Ling L, Dong Y, Liang L. Cooperation Contract in Tourism Supply Chains: The Optimal Pricing Strategy of Hotels for Cooperative Third Party Strategic Websites [J]. Annals of Tourism Research, 2013 (41): 20-41.

[22] Harrison J S, Hitt M A, Hoskisson R E, Ireland R D. Synergized and Post-acquisition Performance: Differences Versus Similarities in Resource Allocations [J]. Long Range Planning, 1991 (17): 173-190.

[23] Hart O, Holmstrrom B. Theory of Contracts in Advances in Economic Theory: Fifth World Congress, Edited by T. Bewley [M]. New York: Cambridge University Press,1987.

[24] Hawley A H. Human Ecology: A Theoretical Essay [M]. Chicago: Uni-

versity of Chicago Press, 1986.

[25] He P, He Y, Shi C, Xu H, Zhou L. Cost-sharing Contract Design in A Low-carbon Service Supply Chain [J]. Computers & Industrial Engineering, 2020, 139: 106160.

[26] Hitt M A, Biermant L, Shimizu K, Kochhar R. Direct and Moderating Effects of Human Capital on Strategy and Performance in Professional Service Firms: A Resource-based Perspective [J]. Academy of Management Journal, 2001, 44 (1): 13-28.

[27] Hu X, Qiu J, Zhao J, Li Y. Can in-store Recommendations for Online-substitutive Products Integrate Online and Offline Channels? [J]. Journal of Retailing and Consumer Services, 2023 (70): 103142.

[28] Huang L. Building up a B2B E-commerce Strategic Alliance Model under an Uncertain Environment for Taiwan's Travel Agencies [J]. Tourism Management, 2006, 27 (6): 1308-1320.

[29] Jin J L, Wang L. Resource Complementarity, Partner Differences, and International Joint Venture Performance [J]. Journal of Business Research, 2021 (130): 232-246.

[30] Kale P, Singh H, Perlmutter H. Learning and Protection of Proprietary Assets in Strategic Alliances: Building Relational Capital [J]. Strategic Management Journal, 2000, 21 (3): 217-237

[31] Keen P G W. Information Technology and the Management Difference [J]. Ibm Systems Journal, 1993, 32 (1): 17-39.

[32] Kettinger W J, Grover V, Guha S, et al. Strategic Information Systems Revisited: A Study in Sustainability and Performance [J]. Mis Quarterly, 1994, 18 (1): 31-58.

［33］ Kim D J, Kim W G, Han J S. A Perceptual Mapping of Online Travel Agencies and Preference Attributes ［J］. Tourism Management, 2007, 28 (2): 591-603.

［34］ Kim H, Ryu M H, Lee D, Kim J H. Should A Small-sized Store Have Both Online and Offline Channels? An Efficiency Analysis of the O2O Platform Strategy ［J］. Journal of Retailing and Consumer Services, 2022 (64): 102823.

［35］ Kim J H, Bojanic D C, Warnick R B. Price Bundling and Travel Product Pricing Practices used by Online Channels of Distribution ［J］. Journal of Travel Research, 2008, 47 (4): 403-412.

［36］ Kimes S E, Chase R B. The Strategic Levers of Yield Management ［J］. Journal of Service Research, 1998, 1 (2): 156-166.

［37］ Koo B, Mantin B, O'connor P. Online Distribution of Airline Tickets: Should Airlines Adopt a Single or A Multi-channel Approach? ［J］. Tourism Management, 2011, 32 (1): 69-74.

［38］ Kracht J, Wang Y. Examining the Tourism Distribution Channel: Evolution and Transformation ［J］. International Journal of Contemporary Hospitality Management, 2010, 22 (5): 736 - 757.

［39］ Lai C H. How Service Quality Affects Customer Loyalty in the Travel Agency: The Effects of Customer Satisfaction, Service Recovery, and Perceived Value ［J］. Asia Pacific Journal of Tourism Research, 2013, 18 (7): 803-822.

［40］ Lambe C J, Spekman R E, Hunt S D. Alliance Competence, Resources, and Alliance Success: Conceptualization, Measurement, and Initial Test ［J］. Journal of the Academy of Marketing Science, 2002, 30 (2): 141-158.

［41］ Lavie D, Rosenkopf L. Balancing Exploration and Exploitation in Alliance Formation ［J］. Academy of Management Journal, 2006, 49 (4): 797-818.

［42］ Law R, Leung K, Wong R. The Impact of the Internet on Travel Agencies ［J］. International Journal of Contemporary Hospitality Management, 2004, 16 (2): 100-107.

［43］ Lee H, Guillet B D, Law R. An Examination of the Relationship between Online Travel Agents and Hotels: A Case Study of Choice Hotels International and Expedia. com. ［J］. Cornell Hospitality Quarterly, 2013, 54 (1): 95-107.

［44］ Li P, Xu S, Liu L. Channel Structure and Greening in An Omni-channel Tourism Supply Chain ［J］. Journal of Cleaner Production, 2022 (375): 134-136.

［45］ Li Y, Peng M W. Developing Theory from Strategic Management Research in China ［J］. Lancet, 2008, 25 (3): 563-572.

［46］ Li Z, Gilbert S M, Lai G. Supplier Encroachment under Asymmetric Information ［J］. Management Science, 2013, 60 (2): 449-462.

［47］ Ling L, Guo X, Yang C. Opening the Online Marketplace: An Examination of Hotel Pricing and Travel Agency On-line Distribution of Rooms ［J］. Tourism Management, 2014, 45 (1): 234-243.

［48］ Liu Y, Zhang X, Zhang H, Zha X. Competing Tourism Service Provider Introduction Strategy for an Online Travel Platform with Demand Information Sharing ［J］. Electronic Commerce Research and Applications, 2021 (49): 101084.

［49］ Lu C, Liu S. Cultural Tourism O2O business Model Innovation – A Case Study of CTrip ［J］. Journal of Electronic Commerce in Organizations, 2016, 14 (2):16-31.

［50］ Lu J C, Tsao Y C, Charoensiriwath C. Competition under Manufacturer Service and Retail Price ［J］. Economic Modelling, 2011, 28 (3): 1256-1264.

［51］ Lunnan R., Haugland S. A. Predicting and Measuring Alliance Performance: A Multidimensional Analysis ［J］. Strategic Management Journal, 2008, 29

（5）： 545-556.

［52］ Ma C. E-collaboration： A Universal Key to Solve Fierce Competition in Tourism Industry？ ［J］. International Business Research， 2009， 1 （4）： 65.

［53］ Ma D， Hu J， Yao F. Big Data Empowering Low-carbon Smart Tourism Study on Low-carbon Tourism O2O Supply Chain Considering Consumer Behaviors and Corporate Altruistic Preferences ［J］. Computers & Industrial Engineering， 2020 （153）：107061.

［54］ Ma S， He Y， Gu R. Joint Service， Pricing and Advertising Strategies with Tourists' Green Tourism Experience in a Tourism Supply Chain ［J］. Journal of Retailing and Consumer Services， 2021 （61）： 102563.

［55］ Madhok A， Tallman S B. Resources， Transactions and Rents： Managing Value Through Interfirm Collaborative Relationships ［J］. Organization Science， 1998， 9 （3）： 326-339.

［56］ Mirrlees J. The Optimal Structure of Authority and Incentive within an Organization ［J］. Bell Journal of Economics， 1976 （7）： 105-131.

［57］ Morosan C， Jeong M. Users' Perceptions of Two Types of Hotel Reservation Web Sites ［J］. International Journal of Hospitality Management， 2008， 27 （2）： 284-292.

［58］ Morrison A M. Hospitality and Travel Marketing ［M］. Albany： Delmar 1989.

［59］ Myung E， Li L， Bai B. Managing the Distribution Channel Relationship with E-wholesalers： Hotel Operators' Perspective ［J］. Journal of Hospitality Marketing & Management， 2009， 18 （8）： 811-828.

［60］ O'Connor P， Murphy J. Hotel Yield Management Practices Across Multiple Electronic Distribution Channels. ［J］. Information Technology & Tourism， 2008，

10 (2)：161-172.

[61] Panja S, Mondal S K. Integrating Online and Offline Business of A Retailer：A Customer utility Based Inventory Model [J]. Computers & Industrial Engineering, 2023 (175)：108888.

[62] Pei Z, Audhesh P, Kerri C. Valuable Strategy and Firm Performance in the O2O Competition [J]. Industrial Marketing Management, 2020 (85)：167-179.

[63] Pei Z, Barbara R W, Krist R. S. Manufacturer Rebate and Channel Coordination in O2O Retailing [J]. Journal of Retailing and Consumer Services, 2021 (58)：102268.

[64] Powell W W, Koput K W, Smith-Doerr L. Interorganizational Collaboration and the Locus of Innovation：Networks of Learning in Biotechnology [J]. Administrative Science Quarterly, 1996, 41 (1)：116-145.

[65] Qiu R, Yu Y, Sun M. Supply Chain Coordination by Contracts Considering Dynamic Reference Quality Effect under the O2O Environment [J]. Computers & Industrial Engineering, 2022 (163)：107802.

[66] Rowley T J, Greve H R, Rao H, et al. Time to Break Up：Social and Instrumental Antecedents of Firm Exits from Exchange Cliques [J]. Academy of Management Journal, 2005, 48 (3)：499-520.

[67] Rubinstein A. Perfect Equilibrium in A Bargaining Model [J]. Econometrica, 1982, 50 (1)：97-109.

[68] Savila I D, Wathoni R N, Santoso A S. The Role of Multichannel Integration, Trust and Offline-to-Online Customer Loyalty Towards Repurchase Intention：An Empirical Study in Online-to-Offline (O2O) E-commerce [J]. Procedia Computer Science, 2019, 161：859-866.

[69] Samaddar S, Kadiyala S S. An Analysis of Inter-organizational Resource

Sharing Decisions in Collaborative Knowledge Creation [J]. European Journal of Operational Research, 2006, 170 (1): 192-210.

[70] Sharma A, Nicolau J L. Hotels to OTAs: "Hands off My Rates!" The Economic Consequences of the Rate Parity Legislative Actions in Europe and the US [J]. Tourism Management, 2019, 75 (C): 427-434.

[71] Shi P, Hu Y. Service Commission Contract Design of Online Travel Agency to Create O2O Model by Cooperation with Traditional Travel agency under Asymmetric Information [J]. Journal of Destination Marketing & Management, 2021 (21): 100641.

[72] Shi S, Leung W, Munelli F. Gamification in OTA Platforms: A Mixed-methods Research Involving Online Shopping Carnival [J]. Tourism Management, 2022 (88): 104426.

[73] Sinha D K, Cusumano M A. Complementary Resources and Cooperative Research: A Model of Research Joint Ventures Among Competitors [J]. Management Science, 1991, 37 (9): 1091-1106.

[74] Stuart T E. Interorganizational Alliances and the Performance of Firms: A Study of Growth and Innovation Rates in A Hightechnology Industry [J]. Strategic Management Journal, 2000 (21): 791-811.

[75] Su L, Swanson S R, Chen X. The Effects of Perceived Service Quality on Repurchase Intentions and Subjective Well-being of Chinese Tourists: The Mediating Role of Relationship Quality [J]. Tourism Management, 2016 (52): 82-95.

[76] Suzuki Y. The Net Benefit of Airline Overbooking [J]. Transportation Research Part E Logistics & Transportation Review, 2006, 42 (1): 1-19.

[77] Talwar S, Dhir A, Scuotto V, Kaur P. Barriers and Paradoxical Recommendation Behaviour in Online to Offline (O2O) Services. A Convergent Mixed-meth-

od Study [J]. Journal of Business Research, 2021 (131): 25-39.

[78] Teece D J, Pisano G, Shuen A. Dynamic Capabilities and Strategic Management [J]. Strategic Management Journal, 1997, 18 (7): 509-533.

[79] Teece D, Pisano G. The Dynamic Capabilities of Firms: An Introduction [J]. Industrial & Corporate Change, 1994, 3 (3): 537-556.

[80] Toh R S, Dekay C. F, Raven P. Travel Planning: Searching for and Booking Hotels on the Internet [J]. Cornell Hospitality Quarterly, 2011a, 52 (4): 388-398.

[81] Toh R S, Raven P, Dekay F. Selling Rooms: Hotels vs. Third-party Websites [J]. Hotel Ryokan Management, 2011b, 48 (2): 181-189.

[82] Tsao Y C, Sheen G J. Effects of Promotion Cost Sharing Policy with the Sales Learning Curve on Supply Chain Coordination [J]. Computers & Operations Research, 2012, 39 (8): 1872-1878.

[83] Tsay A, Agrawal N. Channel Dynamics under Price and Service Cmpetition [J]. Manufacturing & Service Operations Management, 2000, 2 (4): 372-391.

[84] Velu C. Business Model Innovation and Third-party Alliance on the Survival of New Firms [J]. Technovation, 2014 (35): 1-11.

[85] Veer T, Yang P, Riepe J. Ventures' Conscious Knowledge Transfer to Close Partners, and Beyond: A Framework of Performance, Complementarity, Knowledge Disclosure, and Knowledge Broadcasting [J]. 2022, 37 (3): 106191.

[86] Vining A, Globerman S. A Conceptual Framework for Understanding the Outsourcing Decision [J]. European Management Journal, 1999, 17 (6): 645-654.

[87] Walle A H. Tourism and the Internet Opportunities for Direct Marketing [J]. Journal of Travel Research, 1996, 35 (1): 72-77.

[88] Wang C, Wang Y, Wang J, Xiao J, Liu J. Factors Influencing Consumers' Purchase Decision-making in O2O business Model: Evidence from Consumers' Overall Evaluation [J]. Journal of Retailing and Consumer Services, 2021 (61): 102565.

[89] Wang F S, Lai G. Empirical Study to Design Field Applications for O2O (online to offline) Business model in Tourism with Mobile Computing and Cloud Service Supports [J]. Asia Pacific School of Business and Management Symposium 2013 (46): 193-199.

[90] Wan X, Jiang B, Li Q, Hou X. Dual-channel Environmental Hotel Supply Chain Network Equilibrium Decision under Altruism Preference and Demand Uncertainty [J]. Journal of Cleaner Production, 2020 (271): 122595.

[91] Williamson O E, Ghani T. Transaction Cost Economics and Its uses in Marketing [J]. Journal of the Academy of Marketing Science, 2012, 40 (1): 74-85.

[92] Williamson O E. The Economic Institutions of Capitalism [M]. New York: The Free Press, 1985.

[93] Wu C H. Price and Service Competition between New and Remanufactured Products in a Two-echelon Supply Chain [J]. International Journal of Production Economics, 2012, 140 (1): 496-507.

[94] Wu E H, Law R, Jiang B. Predicting Browsers and Purchasers of Hotel Websites: A Weight-of-evidence Grouping Approach [J]. Cornell Hospitality Quarterly, 2013, 54 (1): 38-48.

[95] Wu Y, Lu R, Yang J, Xu F. Low-carbon Decision-making Model of Online Shopping Supply Chain Considering the O2O Model [J]. Journal of Retailing and Consumer Services, 2020 (59): 102388.

[96] Xu L, He P, Hua Z. A New form for A Hotel to Collaborate with A Third-

party Website: Setting Online-exclusive-rooms [J]. Asia Pacific Journal of Tourism Research, 2014, 20 (6): 635-655.

[97] Yang F X., Li X, Lau V M-C, Zhu V Z. To Survive or to Thrive? China's Luxury Hotel Restaurants Entering O2O Food Delivery Platforms Amid the COVID-19 Crisis [J]. International Journal of Hospitality Management, 2021 (94): 102855.

[98] Yang L, Guo J, Zhou Y-W, Cao B. Equilibrium Analysis for Competing O2O Supply Chains with Spillovers: Exogenous vs. Endogenous Consignment Rates [J]. Computers & Industrial Engineering, 2021 (162): 107690.

[99] Yang S, Huang G Q, Song H Y, et al. Game-theoretic Approach to Competition Dynamics in Tourism Supply Chains [J]. Journal of Travel Research, 2009, 47 (4): 425-439.

[100] Yang Q, Zhang M. Service Cooperation Incentive Mechanism in a Dual-channel Supply Chain under Service Differentiation [J]. American Journal of Industrial & Business Management, 2015, 5 (4): 226-234.

[101] Li Y, Yu X, Franco M, Senmao X. The Underexplored Impacts of Online Consumer Reviews: Pricing and New Product Design Strategies in the O2O Supply Chain [J]. International Journal of Production Economics, 2021 (237): 108148.

[102] Yoon M G., Yoon D Y, Yang T W. Impact of e-business on Air Travel Markets: Distribution of Airline Tickets in Korea [J]. Journal of Air Transport Management, 2006, 12 (5): 253-260.

[103] Zhao F, Wu D, Liang L, et al. Lateral Inventory Transshipment Problem in Online-to-offline Supply Chain [J]. International Journal of Production Research, 2015, 54 (7): 1951-1963.

[104] Zhou L, Zhang H, Zhang X. Reshaping the Central Place Hierarchy of

the Urban Hotel Industry Through O2O E-commerce [J]. International Journal of Hospitality Management, 2023 (109): 103389.

[105] Zhu Y, Chen Y, Wang X, Nie T, Du S. Procedural Fairness Concern in Tourism Supply Chain: The Case of A Dominant OTA and A Sustainable Hotel [J]. Computers & Industrial Engineering, 2023 (176): 108919.

[106] Zhao J, Xi X, Wang S, Gong C. Dynamic Analysis of Different Resource Allocations: Implications for Resource Orchestration Management of Strategic Alliances [J]. Computers & Industrial Engineering, 2021 (158): 107393.

[107] 艾凤义, 侯光明. 纵向研发合作中的收益分配和成本分担机制 [J]. 中国管理科学, 2004, 12 (6): 86-90.

[108] 曹晗. 全域旅游背景下的目的地 O2O 营销模式探析 [D]. 北京林业大学硕士学位论文, 2016.

[109] 曹裕, 杨熙龙, 吴堪. 手机与电信服务捆绑销售供应链运营决策研究 [J]. 系统工程理论与实践, 2021, 41 (4): 919-931.

[110] 曾庆成, 向惠, 曲晨蕊. 邮轮供应链销售渠道选择与定价策略研究 [J]. 运筹与管理, 2021, 30 (5): 140-146.

[111] 查晓宇, 张旭梅, 但斌, 李梦丽, 官子力. 全渠道模式下制造商与零售商的 O2O 合作策略研究 [J]. 管理工程学报, 2022, 36 (3): 215-224.

[112] 陈军, 何圆, 赖信. 信息不对称下双渠道供应链服务合作激励机制研究 [J]. 工业工程, 2014, 17 (5): 108-113.

[113] 陈军, 何圆, 赖信. 基于差异化服务的双渠道供应链服务合作策略 [J]. 重庆交通大学学报（自然科学版）, 2015, 34 (2): 118-123.

[114] 陈雪, 李波, 吴爽. 需求信息不对称下考虑风险规避制造商的供应链决策研究 [J]. 管理工程学报, 2021, 35 (6): 234-249.

[115] 陈佑成, 范水生, 林荷. 零售企业 O2O 电子商务采纳行为绩效评价

研究 [J]. 宏观经济研究, 2016 (12): 80-89.

[116] 陈佑成, 郭东强. 基于多案例分析的中国O2O商业模式研究 [J]. 宏观经济研究, 2015 (4): 14-22.

[117] 褚燕. 企业信息系统与其互补资源的互动关系及价值研究 [D]. 复旦大学博士学位论文, 2008.

[118] 董广茂, 李垣, 廖貅武. 学习联盟中防范机会主义机制的博弈分析 [J]. 系统工程, 2006, 24 (4): 35-39.

[119] 董玉凤. 与在线旅行社银行社合作背景下酒店的收益管理研究 [D]. 中国科学技术大学博士学位论文, 2015.

[120] 杜菲. 酒店与旅行社的竞争与协调 [D]. 中国科学技术大学博士学位论文, 2015.

[121] 傅莉, 王晓光. 微分对策理论及其研究现状分析 [J]. 沈阳航空航天大学学报, 2010, 27 (4): 59-62.

[122] 高文田. "互联网+"背景下的物业服务企业O2O模式研究: 提升路径、机制设计和评价体系 [D]. 北京交通大学博士学位论文, 2020.

[123] 葛晨晨, 朱建军. 考虑异质性顾客多重交互行为的全渠道竞争策略研究 [J/OL]. 系统工程理论与实践, https://kns.cnki.net/kcms/detail/11.2267.N.20230320.1411.008.htm.

[124] 黄鹤, 丁静, 池毅. O2O模式中线上零售商定价与CSR投入策略 [J/OL]. 中国管理科学, https://doi.org/10.16381/j.cnki.issn1003-207x.2021.1358, 2022-02-14.

[125] 江玉庆, 刘利平, 刘帆. BOPS模式下基于成本共担契约的供应链协调策略 [J]. 控制与决策, 2022, 37 (3): 690-700.

[126] 金亮, 张旭梅, 但斌, 等. 交叉销售下"线下体验+线上零售"的O2O供应链佣金契约设计 [J]. 中国管理科学, 2017b, 25 (11): 33-46.

［127］金亮，张旭梅，李诗杨．不对称信息下线下到线上 O2O 供应链佣金契约设计［J］．管理学报，2017a，14（6）：908-915．

［128］金亮，艾鹏，郑本荣．O2O 模式中线上零售商退款保证策略研究［J］．管理工程学报，2022，36（4）：196-206．

［129］金亮，陈朝晖，温焜．线上零售商开设体验店：基于供应链的视角［J］．中国管理科学，2020，30（6）：135-146．

［130］景熠，王旭，李文川．纵向研发合作的收益分配与成本分担机制研究［J］．科技进步与对策，2011，28（21）：1-5．

［131］（美）克劳奈维根．交易成本经济学及其超越［M］．朱舟，黄瑞虹译．上海：上海财经大学出版社，2002．

［132］孔栋，左美云，孙凯．O2O 模式分类体系构建的多案例研究［J］．管理学报，2015，12（11）：1588-1597

［133］李登峰．微分对策及其应用［M］．北京：国防工业出版社，2000．

［134］李珈．O2O 模式下商家平台用户三方互利共生机制研究［D］．华中师范大学硕士学位论文，2016．

［135］李佩，魏航，王广永，谈丹．基于产品质量和服务水平的零售商经营模式选择研究［J］．管理工程学报，2020，34（5）：164-177．

［136］李士洁．基于 RBV 的 IT 能力、互补性资源和企业绩效间关系研究［D］．大连理工大学硕士学位论文，2010．

［137］李世清，龙勇．互补型竞合关系中合作结构选择偏好的实证研究［J］．软科学，2010，24（12）：11-16．

［138］梁赛，田佳佳，刁建超，李春晓．基于三维度理论的游客在线评分情感异质性及影响因素研究［J/OL］．南开管理评论，https：//kns.cnki.net/kcms/detail/12.1288.F.20210810.1007.002.html．

［139］林小兰．OTO 电子商务商业模式探析［J］．中国流通经济，2014

（5）：78-82.

[140] 刘鹏 . O2O 本地生活服务电子商务模式研究 ［D］. 北京邮电大学硕士学位论文，2012.

[141] 刘和东，陈文潇 . 资源互补与行为协同提升合作绩效的黑箱解构以高新技术企业为对象的实证分析 ［J］. 科学学研究，2020，38（10）：11-23.

[142] 刘伟，徐鹏涛 . O2O 电商平台在线点评有用性影响因素的识别研究——以餐饮行业 O2O 模式为例 ［J］. 中国管理科学，2016，24（5）：168-176.

[143] 刘向东，何明钦，刘雨诗 . 数字化零售能否提升匹配效率？——基于交易需求异质性的实证研究 ［J］. 南开管理评论，2022：1-29.

[144] 刘益，张旭梅，官子力 . 在线旅游平台混合销售模式下的需求信息共享策略研究 ［J］. 管理工程学报，2021，35（3）：77-88.

[145] 罗美玲，李刚，孙林岩 . 具有服务溢出效应的双渠道供应链竞争 ［J］. 系统管理学报，2011，20（6）：648-657.

[146] 罗倩，李琰 . O2O 电子商务企业商业模式分类、解构与典型案例分析——以江苏苏宁易购为例 ［J］. 经济研究导刊，2018（18）：7-11.

[147] 马德青，胡劲松 . O2O 模式下考虑消费者参考效应和成员互惠利他的产品——服务供应链微分博弈 ［J］. 管理工程学报，2021，35（1）：151-167.

[148] 马文聪，叶阳平，徐梦丹，朱桂龙 . "两情相悦"还是"门当户对"：产学研合作伙伴匹配性及其对知识共享和合作绩效的影响机制 ［J］. 南开管理评论，2018，21（6）：95-106.

[149] 满富委 . O2O 模式下团购顾客满意度研究 ［D］. 东华大学硕士学位论文，2014.

[150] 彭惠，吴利 . O2O 电子商务：动力、模式与前景分析 ［J］. 华南理工大学学报（社会科学版），2014（6）：10-17.

[151] 浦徐进，杜晓东 . "酒店+OTA"双渠道供应链的销售策略及协调机

制研究［J］.江南大学学报（人文社会科学版），2016，15（1）：112-118.

［152］石岿然，盛昭瀚，马胡杰.双边不确定性条件下制造商质量投资与零售商销售努力决策［J］.中国管理科学，2014，22（1）：37-44.

［153］时萍萍，龙勇.考虑成本分担的旅游O2O供应链服务质量决策［J］.旅游学刊，2018，33（11）：87-97.

［154］是兆雄.微分对策及其应用［J］.系统工程，1984（4）：13-14.

［155］孙红侠，李仕明.并行研发联盟中合作伙伴资源投入决策分析［J］.预测，2005，24（2）：42-45.

［156］孙佳，原毅军.可占有能力对企业合作研发知识共享决策影响研究［J］.科技进步与对策，2015，32（19）：142-147.

［157］孙婷婷.O2O电子商务模式下消费者接受行为影响因素分析［J］.商业时代，2016（20）：70-72.

［158］谭春桥，吴欣，崔春生.促销模式下基于纳什谈判的线上旅行商与线下旅行社定价策略研究［J］.中国管理科学，2021，29（3）：143-152.

［159］田宇，但斌，刘墨林，马崧萱.保鲜投入影响需求的社区生鲜O2O模式选择与协调研究［J］.中国管理科学，2022，30（8）：173-184.

［160］童阳.考虑在线评论信息的"酒店+OTA"供应链渠道与商务模式调整机制研究［D］.华南理工大学博士学位论文，2021.

［161］王国顺，李晶鑫."线下体验+线上购买"模式下的O2O激励机制设计［J］.系统工程，2022，40（5）：104-113.

［162］王开明，万君康.企业战略理论的新发展：资源基础理论［J］.科技进步与对策，2001，18（1）：131-132.

［163］王丽平，何亚蓉.互补性资源、交互能力与合作创新绩效［J］.科学学研究，2016，34（1）：132-141.

［164］王玲.基于双向委托—代理关系的管理层约束机制探讨［J］.中小企

业管理与科技旬刊，2008（23）：39-40.

[165] 王威昊，胡劲松．线上结合线下的供应链动态服务与定价决策研究[J]．运筹与管理，2021，30（12）：84-91.

[166] 王欣，朱扬光，吴遵．双渠道下考虑消费者偏好的酒店与OTA合作模式选择和定价[J]．中国科学技术大学学报，2020，50（7）：985-992.

[167] 王秀丽，刘子健．互联网企业战略并购与财务协同效应研究——基于百度并购去哪儿网的案例分析[J]．北京工商大学学报（社会科学版），2014，29（6）：47-54.

[168] 王旭，景熠，李文川．纵向研发合作的研发绩效和成本分担机制[J]．计算机工程与应用，2012，48（3）：234-236.

[169] 魏锋．电子商务环境下O2O供应链渠道选择策略研究[D]．电子科技大学博士学位论文，2020.

[170] 魏翔．中国企业海外并购整合风险[D]．浙江大学硕士学位论文，2015.

[171] 吴锦峰，常亚平，侯德林．多渠道整合对零售商权益的影响：基于线上与线下的视角[J]．南开管理评论，2016a，19（2）：37-48.

[172] 吴锦峰，常亚平，侯德林．O2O零售系统顾客采纳意愿实证研究——基于网络购物经验的调节作用[J]．中国流通经济，2016b，30（5）：72-80.

[173] 吴杰．基于异质性资源互补匹配的流通企业绩效分析[J]．商业经济研究，2022（6）：41-47.

[174] 肖剑，但斌，张旭梅．双渠道供应链中制造商与零售商的服务合作定价策略[J]．系统工程理论与实践，2010，30（12）：2203-2211.

[175] 熊榆，张雪斌，熊中楷．合作新产品开发资金及知识投入决策研究[J]．管理科学学报，2013，16（9）：53-63.

[176] 杨浩雄，孙丽君，孙红霞，等．服务合作双渠道供应链中的价格和服

务策略 [J]. 管理评论, 2017, 29 (5): 183-191.

[177] 杨瑾, 尤建新, 蔡依平. 供应链企业在协同知识创造中的合作决策研究 [J]. 科学学与科学技术管理, 2006, 27 (4): 149-154.

[178] 杨世旭, 段万春, 经有国, 等. 基于服务成本共担契约的电信业务代理商激励机制 [J]. 系统工程, 2013, 31 (1): 92-97.

[179] 杨树, 杜少甫, 梁樑, 等. 旅游供应链最优服务质量决策 [J]. 管理科学学报, 2009, 12 (3): 37-43.

[180] 杨晓花, 罗云峰, 陈胜利. 基于互补资源投入的合作与非合作 R&D 的技术改进量的比较 [J]. 系统工程理论与实践, 2008, 28 (4): 124-128.

[181] 姚延波, 马锐娟, 李嘉丽. 近十年国外旅行社信息化研究述评 [J]. 旅游科学, 2014, 28 (2): 83-94.

[182] 易文桃, 谭春桥, 陈晓红, 崔春生. 考虑谈判能力的旅游 O2O 供应链定价与服务策略 [J]. 控制与决策, 2020, 35 (11): 2626-2636.

[183] 于本海, 杨永清, 孙静林, 等. 顾客体验与商户线下存在对社区 O2O 电商接受意向的影响研究 [J]. 管理学报, 2015, 12 (11): 1658-1664.

[184] 张辰, 田琼. 考虑旅客忠诚度的航空机票在线定价策略研究 [J]. 管理科学学报, 2019, 22 (12): 31-39+55.

[185] 张海梅. O2O 模式的国内现状研究述评 [J]. 长春工程学院学报 (社会科学版), 2015, 16 (3): 79-81.

[186] 张路, 马德青, 胡劲松. 企业社会责任下的旅游供应链低碳运营研究 [J]. 运筹与管理, 2022, 31 (6): 189-195.

[187] 张茜, 赵亮. 基于顾客体验的 O2O 商务模式系统动力学建模与仿真研究 [J]. 科技管理研究, 2014 (12): 200-204.

[188] 张巧可, 陈洪转, 万良琪. 酒店直销与在线旅行社分销渠道策略优化分析 [J]. 中国管理科学, 2023, 31 (2): 235-244.

［189］张嗣瀛 . 现代控制系统理论小丛书——微分对策 ［M］. 北京：科学出版社，1987.

［190］张相斌，罗玲桃 . O2O 模式下连锁零售网点需求预测及资源调度 ［J］. 系统管理学报，2020，29（1）：168-174.

［191］张应语，张梦佳，王强，等 . 基于感知收益—感知风险框架的 O2O 模式下生鲜农产品购买意愿研究 ［J］. 中国软科学，2015（6）：128-138.

［192］张媛，薛兴国，张懿玮 . 我国在线旅行社的分类管理研究 ［J］. 旅游论坛，2013，6（6）：39-44.

［193］郑本荣，李芯怡，黄燕婷 . 考虑在线评论的双渠道供应链定价与服务决策 ［J］. 管理学报，2022，19（2）：289-298.

［194］钟榴，余光胜，潘闻闻，芮明杰 . 资产共同专用化下制造企业联盟的价值创造与价值捕获——以索尼爱立信合资企业为例 ［J］. 南开管理评论，2020，23（4）：201-212.

［195］周世平 . 双渠道营销模式下酒店客房定价研究 ［J］. 企业经济，2020（5）：30-37.

［196］周永务，刘婕，李斐 . 不同成本分担契约对产品定价、质量和售后服务的影响研究 ［J/OL］. 中国管理科学，https：//doi. org/10. 16381/j. cnki. issn1003-207x. 2021. 2084，2022-08-16.

［197］张化尧，吴梦园，陈晓玲 . 资源互补与国际化中的合法性获取——基于跨国战略联盟的混合研究 ［J］. 科学学研究，2018，36（3）：9-17.

后　记

在完成本书的写作之际，我感到无比荣幸和喜悦。这本书是我多年对旅游企业合作研究和探索的结晶。在撰写本书过程中，经历过无数次的讨论、推翻与重新构思，最终形成的研究成果，旨在为学术界和相关领域的专业人士提供有价值的知识和深入的理解。

在撰写本书的过程中，我深入总结了大量的文献资料，研究思路受益于导师、众多专家和同行的帮助和支持。他们的经验和见解为本书的质量和深度做出了巨大的贡献。在此，我要向所有给予我宝贵建议和反馈的人表示由衷的感谢。此外，我还要感谢我的研究团队成员王嘉敏和阎柏吏，她们对本专著文献综述内容所做出的贡献，使得本书的完成成为可能。

本书主要基于资源基础理论、交易成本理论和委托代理理论，从多个角度研究了 TA 与 OTA 共创 O2O 模式的合作策略，并对双方资源共享决策、合作方式的设计、契约协调等关键问题进行了详细的分析和探讨。通过理论分析与梳理模型研究，力求为该领域的研究和实践提供有益的指导和借鉴。然而，我也意识到本书的局限性和不足之处。在快速发展的旅游业和互联网技术环境中，新的挑战和机遇不断涌现。因此，鼓励读者在阅读本书的同时保持批判性思维，并进一步探索和研究相关的主题。

写作本书是一项艰巨而富有挑战性的任务。我在此过程中遇到了许多困难和挫折，但也从中获得了巨大的成长。写作是一个不断学习和提高的过程，我希望通过这本专著能够传达我对所研究领域的热爱和对知识的渴望，并能为学术界和相关领域的进步做出贡献。相信本书只是一个开端，将会为更广阔的知识领域带来更多的发展和创新。在学术研究的道路上，我们仍然面临着许多未知和挑战。

但是，我坚信，只要我们保持对知识的渴望和追求，持续地学习和思考，我们就能够突破自我，创造出更加优秀和有价值的研究成果。

最后，我要感谢我的家人、导师和朋友们对我的支持和鼓励。没有他们的支持，我无法完成这个专著的撰写。同时还要感谢经济管理出版社的编辑和工作人员，在整个出版过程中给予我的帮助和支持。

谨以此后记，献给那些追求知识、勇于创新的学者们，愿我们的努力和付出能够为学术界和人类社会带来持久的影响和价值。

时萍萍

2023 年 5 月于重庆